RÈGLEMENT

PROVISOIRE,

Concernant le Service intérieur, la Police
& la Discipline des Troupes à Cheval.

Du 1.er Juillet 1788.

A PARIS,

DE L'IMPRIMERIE ROYALE.

M. DCCLXXXVIII.

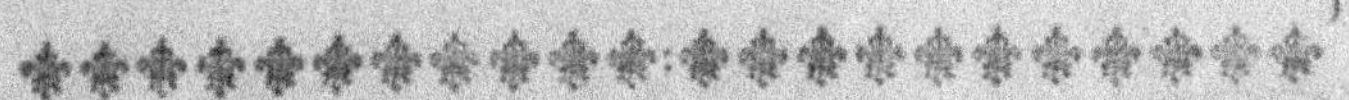

TABLE DES TITRES ET ARTICLES

Contenus dans le présent Règlement.

TITRE PREMIER.

De la Discipline en général.

Articles.

1...... *Subordination graduelle....* Page 2
2..... *Caractères de l'obéissance & de l'autorité* ... Ibid.
3...... *Égards à observer dans le commandement vis-à-vis de l'Officier....................* Ibid.
4..... *Mêmes égards de la part de l'Officier vis-à-vis du Cavalier, Hussard, &c.................* 3
5..... *Idem, de la part des bas Officiers.......* Ibid.
6..... *Subordination due à l'ancienneté dans le régiment.* Ibid.
7..... *Idem, entre Officiers de différens régimens...* Ibid.
8..... *Idem, entre les bas Officiers ....* 4
9..... *Établissement de la subordination graduelle.* Ibid.
10..... *Moyens d'y parvenir.................* Ibid.
11..... *Punitions........................* 5
12..... *Rapports graduels..................* Ibid.
13..... *Demandes à former dans le même ordre...* Ibid.
14..... *Grâces demandées par le Colonel........* 6
15..... *Permission d'expliquer au Colonel les motifs de sa demande....................* Ibid.
16..... *Même gradation pour les demandes formées par les Officiers supérieurs..............* Ibid.
17..... *Uniformité à établir dans les rapports, &c....* 7
18..... *Le Colonel chargé de maintenir la subordination graduelle....................* Ibid.
19..... *Ordres du Colonel exécutés en son absence..* Ibid.
20..... *Surveillance des Commandans de division ...* Ibid.

Articles.

TITRE III.

De l'ordre intérieur de Discipline & de subordination dans les Compagnies.

1. . . . . . Subordination au Chef d'escadron . . . . . Page 8
2. . . . . . Chef d'escadron remplacé par le plus ancien Capitaine . . . . Ibid.
3. . . . . . Fonctions des Officiers & bas Officiers surveillées par le Commandant du régiment . . . . . Ibid.
4. . . . . . Mêmes Officiers & bas Officiers conservés aux subdivisions & escouades 9
5. . . . . . Formation des chambrées . . . . Ibid.
6. . . . . . Brigadiers responsables de leur escouade . . . Ibid.
7. . . . . . Suppléés en cas d'absence . . . . Ibid.
8. . . . . . Maréchaux-des-logis responsables de leur subdivision. . . . . Ibid.
9. . . . . . Suppléés en cas d'absence 10
10. . . . . Maréchal-des-logis en chef suppléé en cas d'absence. . . . . Ibid.
11. . . . . Même autorité à ceux qui suppléent, qu'aux titulaires . . . . Ibid.
12. . . . . Remplacemens momentanés laissés à la volonté du Capitaine. . . . . Ibid.
13. . . . . Choix des bas Officiers & Brigadiers 11
14. . . . . Officiers responsables de leur subdivision . . . Ibid.
15. . . . . Officiers titulaires suppléés par ceux de remplacement . . . . Ibid.
16. . . . . Agrément du Commandant du régiment, pour ces remplacemens. 12
17. . . . . Autorité des Officiers de remplacement . . . . Ibid.
18. . . . . Ordres donnés par les Capitaines aux Officiers & bas Officiers de leur compagnie . . . . Ibid.
19. . . . . Les Capitaines responsables de leur compagnie. Ibid.

Articles.

TITRE III.

Des règles extérieures de respect, de déférence & d'égards entre les divers grades.

1 .... Salut dû au grade supérieur .... Page 13
2 .... Forme de salut pour les Brigadiers, Cavaliers, &c. .... Ibid.
3 .... Forme de salut pour les bas Officiers 14
4 .... Différens cas de salut de la part des bas Officiers, Brigadiers, Cavaliers, &c. 15
5 .... Salut rendu par le grade supérieur 16
6 .... Relation mutuelle de respect & d'égards, strictement observée .... Ibid.

TITRE IV.

De l'assiette du Logement, de l'arrangement des Chambrées & de la formation des Ordinaires.

.... Assiette du Logement ....
.... Logement des bas Officiers & Brigadiers .. Ibid.
2 .... Composition des ordinaires 17
3 .... Ordinaires réglés sur la force des compagnies. Ibid.
4 .... Facilités à donner aux Troupes pour leur logement. Ibid.
5 .... Logemens numérotés des numéros des escadrons & compagnies 18
6 .... Chambres numérotées par compagnies .... Ibid.
7 .... Ecriteau à placer à chaque porte .... Ibid.

.... Formation & Police des Ordinaires.

8 .... Surveillance des Capitaines sur les ordinaires. Ibid.
9 .... Brigadiers, Chefs d'ordinaire 19
10 .... Cas d'exception .... Ibid.

iv

Articles.

11 . . . . . *Détails de l'ordinaire renvoyés à l'Ordonnance d'administration* . . . . *Page* 19

12 . . . . . *Cavaliers commandés pour faire la soupe* 20

13 . . . . . *Brigadiers & Chefs d'ordinaire, exempts de la corvée de la soupe* . . . . Ibid.

14 . . . . . *Les bas Officiers feront ordinaire entr'eux* . . Ibid.

15 . . . . . *En cas de détachement, les bas Officiers pourront vivre avec les Cavaliers* . . . . Ibid.

16 . . . . . *Défense d'employer des femmes à la cuisine* . . 21

17 . . . . . *Les Adjudans veilleront sur les ordinaires des bas Officiers* . . . . Ibid.

18 . . . . . *Règlemens pour les ordinaires, affichés dans les chambrées* . . . . Ibid.

Arrangement & tenue du Quartier & des Chambres.

19 . . . . . *Propreté dans les quartiers* . . . . Ibid.

20 . . . . . *Cours, escaliers & corridors balayés* 22

21 . . . . . *Chambres balayées* . . . . Ibid.

22 . . . . . *Vitres nettoyées* . . . . Ibid.

23 . . . . . *Rateliers & planches à pain* . . . . Ibid.

24 . . . . . *Lits marqués du nom des Cavaliers* . . . . . . Ibid.

25 . . . . . *Planche pour placer le porte-manteau* . . . . Ibid.

26 . . . . . *Besace & porte-manteau posés sur la planche* . Ibid.

27 . . . . . *Porte-manteau fermé* . . . . Ibid.

28 . . . . . *Effets d'équipement* 23

29 . . . . . *Chapeaux, bonnets & casques* . . . . Ibid.

30 . . . . . *Effets d'habillement* . . . . Ibid.

31 . . . . . *Linge* . . . . Ibid.

32 . . . . . *Souliers & menus ustensiles* . . . . Ibid.

33 . . . . . *Armes* . . . . Ibid.

34 . . . . . *Brides & selles* 24

35 . . . . . *Chauffage* . . . . Ibid.

36 . . . . . *Ustensiles de cuisine, &c.* . . . . Ibid.

37 . . . . . *Arrangement ci-dessus subordonné aux localités.* Ibid.

38. Ordre

Articles.

38..... *Ordre à faire observer aux Cavaliers*... Page 25
39..... *Règlemens pour la tenue des chambres, affichés.* Ibid.
40..... *Tenue des chambres en hiver*............ 26

TITRE V.

De la Tenue & du Service des Écuries.

1..... *Distance des chevaux fixée*............ Ibid.
2..... *Chevaux barrés*.................... Ibid.
3..... *Écuries numérotées*................. 27
4..... *Porte fermée par une chaîne*.......... Ibid.
5..... *Attaches des chevaux, &c.*............ Ibid.
6..... *Ustensiles d'écurie*,................. Ibid.
7..... *Gardes d'écurie*.................... 28
8..... *Consignes des Gardes d'écurie*......... Ibid.
9..... *Ne pourront quitter leur poste*......... Ibid.
10..... *Leur tenue*...................... Ibid.
11..... *Vigilance des Gardes d'écurie*......... Ibid.
12..... *Heures fixées pour le manger des chevaux*..... 29
13..... *Comptes à rendre des accidens*........ Ibid.
14..... *Lumière entretenue dans l'écurie*........ Ibid.
15..... *Propreté dans l'écurie*............... Ibid.
16..... *Nourriture des chevaux*.............. Ibid.
17..... *Tenue des chevaux*................ 30
18..... *Tenue de l'écurie*.................. 31
19..... *Pansage des chevaux*............... 32
20..... *Comment fait*.................... Ibid.
21..... *Visite des chevaux*................. 33
22..... *Usage des auges préféré*............. Ibid.
23..... *Les chevaux, comment menés à l'abreuvoir*.. Ibid.
24..... *Défense de les faire trotter en hiver*........ 34
25..... *Portes & fenêtres de l'écurie ouvertes*..... Ibid.
26..... *Chevaux bouchonnés*............... Ibid.
27..... *Soins des Chefs sur la tenue des chevaux*... Ibid.

vj
Articles.

TITRE VI.

*Des Officiers & bas Officiers commandés journel-
lement, tant pour la Police du quartier que pour
celle des Compagnies & de la totalité du Régiment.*

1 . . . . . Capitaine de police . . . . Page 35
2 . . . . . Durée de son service . . . . Ibid.
3 . . . . . Comptes à rendre par l'Adjudant de semaine. Ibid.
4 . . . . . Autorité du Capitaine de police 36
5 . . . . . Sa tenue . . . . Ibid.
6 . . . . . Ses fonctions . . . . Ibid.
7 . . . . . Comptes qu'il aura à rendre 37
8 . . . . . Officier de semaine . . . . Ibid.
9 . . . . . Ses fonctions . . . . Ibid.
10 . . . . . Son assiduité au quartier, & sa tenue 38
11 . . . . . Sera remplacé en cas d'empêchement . . . . . Ibid.
12 . . . . . Devoirs des Officiers des compagnies . . . . . Ibid.
13 . . . . . Maréchaux-des-logis & Brigadiers de semaine. Ibid.
14 . . . . . Garde de police au quartier 39
15 . . . . . Fonctions du Commandant de la garde de police.
Ibid.
16 . . . . . Mêmes règles observées par les détachemens. Ibid.

TITRE VII.

*De l'ordre journalier & habituel de service, de
Police & de Discipline.*

1 . . . . . Uniformité dans la discipline 40
2 . . . . . Trompette de service . . . . Ibid.
3 . . . . . Appel du matin . . . . Ibid.
4 . . . . . Déjeûner des chevaux . . . . Ibid.
5 . . . . . Second appel 41
6 . . . . . Comment fait . . . . Ibid.
7 . . . . . Vérification de l'appel . . . . Ibid.

Articles.

8 . . . . . . Compte à rendre au Capitaine de police. Page 41

9 . . . . . . Appel pour le pansage des chevaux . . . . Ibid.

10 . . . . . Appel pour la distribution de l'avoine 42

11 . . . . . Appel pour faire boire les chevaux . . . . . . Ibid.

12 . . . . . Avoine donnée aux chevaux . . . . Ibid.

13 . . . . . Chambres balayées . . . . Ibid.

14 . . . . . Corridors & escaliers balayés 43

15 . . . . . Cavaliers mis à la tenue . . . . Ibid.

16 . . . . . Comptes à rendre par les Officiers de semaine. Ibid.

17 . . . . . Idem, par le Capitaine de police . . . . Ibid.

18 . . . . . Visite des chambres 44

19 . . . . . Appel de la soupe . . . . Ibid.

20 . . . . . Cavaliers tenus de se rendre à l'appel de la soupe. Ibid.

21 . . . . . Pain mis en commun 45

22 . . . . . Travailleurs dispensés des corvées de l'ordinaire. Ibid.

23 . . . . . Le Capitaine de police surveillera les Officiers de semaine . . . . Ibid.

24 . . . . . Soupe mangée une fois par jour . . . . Ibid.

25 . . . . . Inspection des hommes de service par le Maréchal-des-logis 46

26 . . . . . Appel des hommes de service . . . . Ibid.

27 . . . . . Inspection des hommes de service par les Officiers de semaine . . . . Ibid.

28 . . . . . Officier supérieur présent . . . . Ibid.

29 . . . . . Garde conduite à la parade de la garnison . . . 47

30 . . . . . Ordre & rapports . . . . Ibid.

31 . . . . . Parade particulière . . . . Ibid.

32 . . . . . L'heure & la forme de la parade particulière. Ibid.

33 . . . . . Le Commandant du régiment fera défiler la garde. 48

34 . . . . . Devoirs des Cavaliers après la descente de la garde. Ibid.

35 . . . . . Appel pour le dîner des chevaux . . . . Ibid.

36 . . . . . Appel pour l'ordre 49

37 . . . . . Ordres pressans donnés après la parade . . . Ibid.

viij
Articles.

38 . . . . . . *Pansage des chevaux l'après-midi* . . . . Page 49
39 . . . . . . *Même ordre pour l'abreuvoir & l'avoine* . . . Ibid.
40 . . . . . . *Soupe du soir* 50
41 . . . . . . *Officiers présens au service du soir* . . . . . Ibid.
42 . . . . . . *Souper des chevaux* . . . . Ibid.
43 . . . . . . *Retraite* . . . . Ibid.
44 . . . . . . *Appel du soir* 51
45 . . . . . . *Quartier fermé* . . . . Ibid.
46 . . . . . . *Forme des appels & rapports* . . . . Ibid.
47 . . . . . . *Coucher des Cavaliers* . . . . Ibid.
48 . . . . . . *Feux éteints* 52
49 . . . . . . *Visite des écuries & corridors* . . . . Ibid.
50 . . . . . . *Le samedi consacré aux travaux de propreté.* Ibid.
51 . . . . . . *Visite aux Officiers supérieurs* 53
52 . . . . . . *Inspection des registres des compagnies* . . . Ibid.
53 . . . . . . *Les Officiers se rendront au quartier* . . . . Ibid.
54 . . . . . . *Inspection générale du régiment* . . . . . . Ibid.
55 . . . . . . *Lieu de l'assemblée* 54
56 . . . . . . *Tenue des Officiers* . . . . Ibid.
57 . . . . . . *Messe* . . . . Ibid.
58 . . . . . . *Lecture des Ordonnances* 55
59 . . . . . . *Visite du linge & chaussure tous les deux mois.* 56
60 . . . . . . *Même visite tous les quatre mois* . . . . . . Ibid.
61 . . . . . . *Travailleurs & distributions* . . . . Ibid.
62 . . . . . . *Bas Officiers & Cavaliers malades* . . . . . Ibid.
63 . . . . . . *Motifs d'exemption de service pour cause d'infirmité,
    vérifiés* 57
64 . . . . . . *Chirurgien-major averti* . . . . Ibid.
65 . . . . . . *Convalescens dispensés de service* . . . . . . Ibid.
66 . . . . . . *Malades à la salle de discipline ou en prison, visités.*
    Ibid.

67 . . . . . . *Cavaliers à l'hôpital, à la salle de discipline & en
    prison, rasés* 58
68 . . . . . . *Devoirs du Chirurgien-major* . . . . Ibid.
69. *Propreté*

Articles.

69..... *Propreté des Cavaliers.* .... Page 58
70..... *Usage fréquent du bain, recommandé.* .... Ibid.
71..... *Propreté du linge.* .... Ibid.
72..... *Blanchissage du linge.* 59
73..... *Police des prisons & salles de discipline* ... Ibid.
74..... *Régimens en route.* .... Ibid.

TITRE VIII.

De la tenue du Régiment.

TITRE IX.

Des diverses règles de Police générale des Corps.

Visite & repas de Corps.

1..... *Visite de Corps.* 60
2..... *Repas & fêtes de Corps défendus.* 61
3..... *Cas de passage d'un régiment* .... Ibid.
4..... *Comment traités lorsqu'il y aura plusieurs régimens.*
         Ibid.

Rixes, querelles ou batteries.

5..... *Attention des Chefs des Corps pour prévenir toutes rixes.* .... Ibid.
6..... *Moyens à employer pour les prévenir ou les arrêter.*
         62
7..... *Rixes & querelles entre différens régimens.* .. Ibid.
8..... *Les Commandans des Corps en répondront.* .. 63
9..... *Rixes & querelles avec les habitans.* ...... Ibid.

Tables des Officiers.

10..... *Règles établies pour les tables des Officiers,* Ibid.
11..... *Tables des Colonels.* 64
12..... *Les Colonels pourront vivre avec les autres Officiers supérieurs* .... Ibid.

Articles.

13 . . . . . . Tables des Colonels à la suite, & des Majors en
second . . . . Page 64

14 . . . . . . Tables des Officiers particuliers . . . . Ibid

15 . . . . . Solles d'assemblées 65

16 . . . . . . Défense aux Sous-lieutenans d'entrer au café . . Ibid.

Jeux de hasard & autres.

17 . . . . . Jeux de hasard défendus . . . . Ibid.

18 . . . . . Lieux & sociétés de jeux défendus 66

19 . . . . . Punitions des Officiers qui joueront à des jeux de
hasard . . . . Ibid.

20 . . . . . . Défense expresse aux bas Officiers & Cavaliers de
jouer de l'argent . . . . Ibid.

Dettes des Officiers, bas Officiers & Cavaliers.

21 . . . . . . Défense aux Officiers d'acheter à crédit 67

22 . . . . . Retenues autorisées sur les appointemens . . . Ibid.

23 . . . . . . Dettes des Officiers, comment payées . . . . . Ibid.

24 . . . . . Dettes des bas Officiers 68

25 . . . . . Dettes des Brigadiers & Cavaliers . . . . . . Ibid.

26 . . . . . Les habitans prévenus des dispositions ci-dessus.
Ibid.

27 . . . . . Défense de vendre, acheter ou troquer les effets des
Cavaliers 69

Mariage des Officiers, bas Officiers & Cavaliers.

28 . . . . . . Défense à tout Officier de se marier sans permission.
Ibid.

29 . . . . . Mémoire pour la demander . . . . Ibid.

30 . . . . . Renseignemens à joindre au mémoire de demande.
Ibid.

31 . . . . . Compte à rendre par le Colonel . . . . Ibid.

32 . . . . . Punition de l'Officier qui se sera marié sans permission.
70

Articles.

33 . . . . . . Mariages des Quartiers-maîtres, Porte-étendards &
Chirurgiens-majors, ... Page 70

34 . . . . . Défense à tout bas Officier & Cavalier de se marier
sans permission. . . . . Ibid.

35 . . . . . Punition en cas de contravention . . . . Ibid.

36 . . . . Permissions de mariage des bas Officiers & Cavaliers;
comment demandées. 71

37 . , ... Attentions à avoir dans les permissions à accorder.
Ibid.

38 . . . . . Nombre d'hommes mariés, toléré par régiment. Ibid.

39 . . . . . . Mariages des Cavaliers favorisés 72

40 . . . . . . Mariages dans les régimens étrangers . . . . . Ibid.

41 . . . . . Célébration des mariages . . . . Ibid.

École d'instruction pour les Cavaliers.

42 . . . . . École à former pour les Cavaliers . . . . . . Ibid.

43 . . . . . Choix à faire, des Maîtres pour tenir l'École. 73

44 . . . . . L'École, où placée . . . . Ibid.

45 . . . . . Bas Officiers & Cavaliers engagés à y aller. Ibid.

46 . . . . . Exemption & traitement des Maîtres . . . . . Ibid.

47 . . . . . Heures fixées pour les différens grades . . . Ibid.

48 . . . . . Officier chargé de la police de l'École 74

49 . . . . . Visite de la salle d'écriture . . . . Ibid.

50 . . . . . État nominatif des Élèves. . . . . Ibid.

51 . . . . . Salles d'escrime & de danse . . . . Ibid.

52 . . . . . Jeux à établir à portée du quartier . . . . . . Ibid.

53 . . . . . École de natation . . . . Ibid.

TITRE X.

Des Distributions.

1 . . . . . Fonctions du Quartier-maître. 75

2 . . . . . Par qui remplacé. . . . . Ibid.

3 . . . . . Prêt. . . . . Ibid.

xij

Articles.

4..... Comment conduits au pain.......... Page 75
5..... Diſtribution du pain..................... 76
6..... Comment ramenés au quartier.......... Ibid.
7..... Comptes de la diſtribution à rendre par le Quartier-
maître .... Ibid.
8..... Diſtribution du fourrage............... Ibid.
9..... Bons des Capitaines.................... Ibid.
10..... Comptes à rendre par le Quartier-maître.... 77
11..... Autres diſtributions en garniſon.......... Ibid.
12..... Diſtributions en route................. Ibid.
13..... Diſtributions dans les camps........... Ibid.

TITRE XI.

Des Travailleurs.

1..... Règles établies pour les permiſſions de travail. Ibid.
2..... A qui accccordées.................... 78
3..... Comment demandées.................. Ibid.
4..... Les Capitaines s'aſſureront du gain des Travailleurs.
Ibid.
5..... Regiſtres des Travailleurs............... Ibid.
6..... Retenues faites aux Travailleurs.......... 79
7..... Travailleurs ſoumis à la ſurveillance journalière.
Ibid.
8..... Les Commandans des Corps régleront le nombre
de Travailleurs...................... Ibid.
9..... Défenſe aux Officiers d'employer les Cavaliers à leur
ſervice perſonnel..................... 80
10..... Nature des travaux à leur permettre...... Ibid.
11..... Les bas Officiers pourront prendre un Cavalier pour
faire leur ordinaire................... Ibid.
12..... Travailleurs du régiment............... Ibid.
13..... Payement des ſervices.................. 81
14..... Travailleurs dans le cas d'aller aux travaux avant
l'appel du matin..................... Ibid.
15. Travailleurs

Articles.

15..... Travailleurs dispensés de l'appel du soir. Page 81
16..... Travailleurs tenus de rentrer pour coucher.. Ibid.
17..... Permission de travailler au dehors......... 82
18..... Entretien des armes des Travailleurs....... Ibid.
19..... Habillement des Travailleurs............. Ibid.
20..... Habillement des Perruquiers............. Ibid.
21..... Punitions des Travailleurs qui contreviendront au
       Règlement...................... 83

TITRE XII.

Du choix des Appointés, Brigadiers & bas Officiers, & de leur réception.

1..... Choix des Appointés.................. Ibid.
2..... Idem, des Brigadiers................. Ibid.
3..... Idem, des Maréchaux-des-logis.......... Ibid.
4..... Idem, des Maréchaux-des-logis en chef.... Ibid.
5..... Idem, des Adjudans.................. 84
6..... Remplacemens à mesure des vacances...... Ibid.
7..... État à former des sujets susceptibles d'avancement.
       Ibid.
8..... Quand & comment renouvelé............ Ibid.
9..... Cet état restera entre les mains du Commandant.
       85
10..... Nomination aux places vacantes........ Ibid.
11..... Qualités exigées pour un Brigadier...... Ibid.
12..... Son instruction perfectionnée.......... 86
13..... Qualités exigées pour un Maréchal-des-logis. Ibid.
14..... Qualités exigées pour un Maréchal-des-logis en chef.
       87
15..... Idem, pour un Adjudant.............. Ibid.
16..... Réception des bas Officiers, &c......... Ibid.
17..... Ordres donnés pour les réceptions........ Ibid.
18..... Les Appointés & Brigadiers, comment reconnus
       ou reçus...................... 88

xiv

Articles.

19 . . . . . *Bas Officiers, comment reçus* . . . . Page 88
20 . . . . . *Formes de leur réception* . . . . Ibid.
21 . . . . . *Réception du Trompette-brigadier* . . . . Ibid.
22 . . . . . *Réception des Adjudans* 89

TITRE XIII.

Des moyens & précautions à prendre contre la Désertion.

1 . . . . . *Vigilance des Colonels, sur la désertion* . . . Ibid.
2 . . . . . *Moyens de la prévenir* . . . . Ibid.
3 . . . . . *Conduite des Officiers à l'égard des Cavaliers* . . 90
4 . . . . . *Surveillance des Colonels sur la composition de leur*
        régiment . . . . Ibid.
5 . . . . . *Vigilance des Officiers & bas Officiers des com-*
        pagnies . . . . Ibid.
6 . . . . . *Limites fixées dans les quartiers* 91
7 . . . . . *Les quartiers fermés* . . . . Ibid.
8 . . . . . *Permissions de sortir, accordées dans les garnisons.*
                                    92
9 . . . . . *Bas Officiers & Brigadiers pourront sortir avec*
        leur sabre . . . . Ibid.
10 . . . . . *Patrouilles à faire* 93
11 . . . . . *Patrouilles extraordinaires* . . . . Ibid.
12 . . . . . *Patrouilles surveillées par les Commandans des*
        régimens 94
13 . . . . . *Service des patrouilles, appliqué à l'instruction.* Ibid.
14 . . . . . *Reconnoissance des lieux* . . . . Ibid.
15 . . . . . *Concert entre les régimens pour les patrouilles.* 95
16 . . . . . *Les Cavaliers prévenus des mesures ordonnées contre*
        la désertion . . . . Ibid.
17 . . . . . *Patrouilles chargées d'arrêter les Embaucheurs.* 96
18 . . . . . *Embaucheurs remis à la Maréchaussée* . . . . Ibid.
19 . . . . . *Permissions de sortir des places, accordées aux*
        patrouilles . . . . Ibid.

Articles.

20...... Régularité des appels.................. Page 97
21...... Les appels ne seront pas multipliés..... Ibid.
22...... Rapport des appels..................... Ibid.
23...... Punition des bas Officiers, en cas de faux appel. 98
24...... Punition des Officiers, en cas de négligence. Ibid.
25...... Punition du Cavalier qui aura favorisé un faux appel.
                                                          Ibid.
26...... Précautions à prendre vis-à-vis des Recrues. Ibid.
27...... Vérification des signalemens.............. 99
28...... Marque distinctive des Recrues, sera toujours portée.
                                                          Ibid.
29...... Recrues consignés tant qu'ils en porteront la marque.
                                                          Ibid.
30...... Recrues suspects, seront observés......... 100
31...... Recrues à renvoyer....................... Ibid.
32...... Comment renvoyés........................ Ibid.
33...... Recrues suspects, auront une marque distinctive.
                                                          101
34...... Ne pourront sortir hors des portes....... Ibid.
35...... Mêmes précautions contre les anciens Cavaliers
             suspectés........................... Ibid.
36...... Punition du Cavalier qui sera rencontré sans la
             marque prescrite....................... Ibid.
37...... Officiers & bas Officiers responsables des désertions.
                                                          102
38...... Retenue ordonnée sur les Officiers & bas Officiers,
             en cas de désertion................... Ibid.
39...... Punition du Commandant d'un poste, en cas de
             désertion............................. Ibid.
40...... Punition des Sentinelles qui auront favorisé la
             désertion............................. 103
41...... Hommes de garde consignés.............. Ibid.
42...... Compagnie entière consignée............. 104
43...... Retenue ordonnée dans le cas de désertion d'un
             Cavalier avec son cheval............. Ibid.

xvj

Articles.

44 . . . . . Gratifications aux patrouilles qui arrêteront des
déserteurs . . . . Page 104

45 . . . . . Gratifications à ceux qui décèleront un projet de
désertion 105

46 . . . . . Visites fréquentes des porte-manteaux . . . . . Ibid.

47 . . . . . Effets hors de service du Cavalier, comment vendus.
106

48 . . . . . Effets retirés en cas de désertion . . . . Ibid.

49 . . . . . Visite confrontée au registre de compagnie . . Ibid.

50 . . . . . Cabaretiers surveillés . . . . Ibid.

TITRE XIV.

Des Punitions.

Des Punitions des Officiers.

1 . . . . . Distinction des punitions 108

2 . . . . . Distinction des arrêts . . . . Ibid.

3 . . . . . Arrêts simples . . . . Ibid.

4 . . . . . Par qui ordonnés . . . . Ibid.

5 . . . . . Compte à rendre à l'Officier supérieur 109

6 . . . . . Confirmation des arrêts . . . . Ibid.

7 . . . . . Comment ordonnés . . . . Ibid.

8 . . . . . Forme des ordres d'arrêt 110

9 . . . . . Levée des arrêts . . . . Ibid.

10 . . . . . Subordination des Lieutenans vis-à-vis des Capitaines.
Ibid.

11 . . . . . Arrêts de rigueur 111

12 . . . . . Par qui ordonnés . . . . Ibid.

13 . . . . . Suspension de toutes fonctions de service . . . Ibid.

14 . . . . . En cas de route, comment les Officiers aux arrêts
marcheront . . . . Ibid.

15 . . . . . Punition de prison . . . . Ibid.

16 . . . . . Officiers mis en prison, remettront leur épée. 112

17 . . . . . Compte des punitions d'arrêts, rendu au Commandant de la place 113

18. Même

Articles.

18 . . . . . . *Même compte pour les lever* . . . . Page 113

19 . . . . . *Compte à rendre au Commandant de Brigade.* Ibid.

20 . . . . . *Arrêts des Officiers supérieurs* 114

21 . . . . . *Autorité des Commandans des Places* . . . . Ibid.

22 . . . . . *Autorité des Maréchaux-de-camp divisionnaires, sur les Colonels* . . . . Ibid.

Des Punitions des bas Officiers & Brigadiers.

23 . . . . . *Punitions des bas Officiers & Brigadiers* . . . Ibid.

24 . . . . . *Nature des punitions* . . . . Ibid.

25 . . . . . *Tenue à la salle de discipline* 115

26 . . . . . *Tenue en prison* . . . . Ibid.

27 . . . . . *Police des prisons & salles de discipline* . . . Ibid.

28 . . . . . *Punition de cachot* . . . . Ibid.

29 . . . . . *Autres punitions pour les bas Officiers & Brigadiers.* 116

30 . . . . . *Casse des bas Officiers* . . . . Ibid.

31 . . . . . *Casse des Brigadiers* . . . . Ibid.

32 . . . . . *Maréchal-des-logis en chef, suspendu de ses fonctions.* 117

33 . . . . . *Maréchal-des-logis suspendu* . . . . Ibid.

34 . . . . . *Brigadier suspendu* . . . . Ibid.

35 . . . . . *Punitions des Appointés* . . . . Ibid.

36 . . . . . *Marques distinctives conservées aux bas Officiers & Brigadiers suspendus* 118

37 . . . . . *Bas Officiers & Brigadiers, par qui punis* . . Ibid.

38 . . . . . *Suspension ou casse annoncées* . . . . Ibid.

39 . . . . . *Formes de la punition* 119

40 . . . . . *Punitions des Adjudans* . . . . Ibid.

41 . . . . . *Comment annoncées* . . . . Ibid.

42 . . . . . *Registre des punitions* 120

Punitions des Cavaliers.

43 . . . . . *Différentes natures de punition* . . . . Ibid.

xviij

Articles.

44 ...... Consigne au quartier .... Page 121
45 ..... Consigne dans la chambre .... Ibid.

Salles de Discipline.

46 ..... Leur police .... Ibid.
47 ..... Nombre de salles 122
48 ..... Comment tenues .... Ibid.
49 ..... Nourriture des Cavaliers à la salle de discipline.
                                              Ibid.
50 ..... Nourriture des bas Officiers & Brigadiers .. Ibid.
51 ..... Bas Officiers & Cavaliers exercés au peloton d'ins-
           truction 123
52 ..... Visites des salles .... Ibid.

Des coups de plat de sabre.

53 ..... Cette punition aura lieu dans toutes les troupes.
                                              Ibid.
54 ..... Quand ordonnée .... Ibid.
55 ..... Comment infligée 124
56 ..... Punition publique .... Ibid.
57 ..... Par qui infligée .... Ibid.
58 ..... Nombre de coups réglé .... Ibid.
59 ..... Par qui ordonnée .... Ibid.
60 ..... Ne pourra l'être par les États-majors des Places.
                                              125

De la prison.

61 ..... Nourriture .... Ibid.
62 ..... Les bas Officiers séparés .... Ibid.
63 ..... Tenue des prisons .... Ibid.
64 ..... Mêmes règles pour les prisons des Places .. 126
65 ..... Géoliers responsables de leurs prisonniers ... Ibid.
66 ..... Punition de prison fort rare .... Ibid.

TITRE XV.

Des moyens d'assurer l'exécution du présent Règlement.

1 . . . . . . Feuille de rapport par compagnie . . . . Page 127
2 . . . . . . Quand renouvelée . . . . Ibid.
3 . . . . . . Rapport journalier 128
4 . . . . . . Cas de séparation . . . . Ibid.
5 . . . . . . Rapport aux Officiers supérieurs . . . . Ibid.
6 . . . . . . Billet de rapport des Capitaines . . . . Ibid.
7 . . . . . . Relevé des billets de rapport 129
8 . . . . . . Réponse aux demandes des Capitaines, en cas de
          parade . . . . Ibid.
9 . . . . . . Réponse aux demandes, lorsqu'il n'y aura pas de
          parade . . . . Ibid.
10 . . . . . Tout autre rapport supprimé . . . . Ibid.
11 . . . . . Demandes des Officiers 130
12 . . . . . Demandes de grâces . . . . Ibid.
13 . . . . . Mémoires pour congés & reliefs . . . . Ibid.
14 . . . . . Régistre de détail des compagnies . . . . Ibid.
15 . . . . . Livret du Maréchal-des-logis en chef 131
16 . . . . . Du Maréchal-des-logis . . . . Ibid.
17 . . . . . Des Lieutenans & Sous-lieutenans 132
18 . . . . . Uniformité des livrets . . . . Ibid.
19 . . . . . Livrets des Officiers de remplacement . . . . . Ibid.
20 . . . . . Livre d'ordre 133
21 . . . . . Ordres journaliers du Colonel, enregistrés . . . Ibid.
22 . . . . . Idem, pour les Officiers généraux divisionnaires. Ibid.
23 . . . . . Ordre porté par l'Adjudant . . . . Ibid.
24 . . . . . Livre d'ordre du Capitaine . . . . Ibid.
25 . . . . . Officiers absens en prendront lecture à leur retour.
                                                          134
26 . . . . . Livre d'ordre représenté aux Officiers généraux
          divisionnaires . . . . Ibid.

xx.

Articles

27..... *Livre d'ordre représenté au Lieutenant général.*
                                              Page 134
28..... *Ancien livre d'ordre, en dépôt à l'État-major.* 135

FIN de la Table.

RÈGLEMENT

RÈGLEMENT
PROVISOIRE,

Concernant le Service intérieur, la Police
& la Discipline des Troupes à Cheval.

Du 1.er Juillet 1788.

DE PAR LE ROI.

SA MAJESTÉ ayant, par ses Ordonnances en date du 17 du mois de Mars dernier, annoncé qu'Elle vouloit que toutes ses Troupes fussent assujetties à une discipline & à une police uniformes, & sentant que ce résultat ne peut s'obtenir & s'assurer que par des règlemens particuliers, relatifs à chaque arme, qui en prévoyant & fixant tous les détails, ne permettent pas que rien soit arbitraire ni indéterminé; Elle a, de l'avis du Conseil de la guerre, arrêté le présent Règlement, destiné à toutes ses Troupes à cheval; ledit Règlement devant être cette année exécuté provisoirement, & soumis aux observations des Commandans des provinces, des Chefs de divisions, des Officiers généraux-divisionnaires & des Commandans des régimens, pour être perfectionné, s'il y a lieu, & recevoir ensuite la sanction définitive de Sa Majesté, dans le Code militaire, dont il doit faire partie.

A

TITRE PREMIER.
De la Discipline en général.
ARTICLE PREMIER.

L'INTENTION de Sa Majesté, est qu'il règne dans tous les régimens une discipline, qui soit à la fois continue, ferme, juste & éclairée, & qui en établissant toujours de l'inférieur au supérieur, une obéissance passive, laisse en même temps à chaque grade intermédiaire, sa portion d'autorité ou de surveillance; cette subordination venant par degrés aboutir au Soldat qui en est la base, & aucun grade inférieur n'étant & ne pouvant se trouver opprimé par elle, puisque le grade qui est au-dessus de lui, obéit comme lui, & que ce grade forme sa perspective.

2.

VEUT Sa Majesté, que d'un côté l'obéissance de l'inférieur au supérieur soit toujours respectueuse, prompte, littérale & sans aucune réclamation qui retarde l'exécution de ce qui est ordonné; mais son intention est en même temps que de l'autre part, les ordres soient toujours donnés avec décence, & fondés en raison, ou conformes à la loi.

3.

DÉFEND expressément Sa Majesté à tous Chefs ou Commandans, quelque grade qu'ils puissent avoir, de jamais se permettre vis-à-vis de leurs subordonnés, aucun propos qui pourroit les injurier ou insulter, se proposant Sa Majesté de punir sévérement & suivant l'exigence du cas, toute transgression d'autorité de ce genre, qui en mettant l'offense à la place de la réprimande ou de la punition, ôte au commandement toute sa dignité.

4

ENTEND Sa Majesté, que cette bienséance dans l'exercice du commandement, dont la délicatesse & l'honneur doivent suffire pour faire un principe constant entre les Officiers de tout grade ait de même lieu des Officiers aux bas Officiers, Cavaliers, Hussards, Dragons & Chasseurs, en sorte que ceux-ci ne soient jamais ni tutoyés, ni injuriés, ni maltraités par eux ; que tous les châtimens qu'ils leur infligeront, soient conformes à la loi ; & qu'enfin, les Officiers les conduisent, les dirigent & les protègent en toute occasion : leur propre intérêt étant de les attacher à leur profession, & de se les affectionner personnellement, comme les compagnons de leur fortune & de leur gloire.

Mêmes égards de la part de l'Officier vis-à-vis du Cavalier, Hussard, &c.

5.

CE que Sa Majesté ordonne & impose ci-dessus à tous ses Officiers envers les bas Officiers, Cavaliers, Dragons, Hussards & Chasseurs, sera de même strictement observé par les bas Officiers envers ces derniers, & les Officiers des compagnies en seront responsables aux Commandans des régimens.

Idem, de la part des bas Officiers.

6.

INDÉPENDAMMENT de la subordination graduelle que Sa Majesté a établie dans chaque régiment, par ses Ordonnances de constitution, Sa Majesté entend que dans tout ce qui regarde le service & la police publique, lorsque deux ou plusieurs Officiers du même grade & du même régiment se trouveront ensemble, la même obéissance ait lieu envers le plus ancien d'entr'eux, de la part de ceux qui seront moins anciens, comme si ce premier avoit un grade supérieur au leur.

Subordination due à l'ancienneté dans le régiment.

7.

CETTE subordination de grade à grade, & des moins anciens aux plus anciens dans le même grade, aura de même lieu dans toutes les circonstances qui intéresseront

Idem entre Officiers de différens régimens.

le service ou la police publique, entre des Officiers de divers régimens, & même de diverses armes.

8.

LES règles prescrites ci-dessus, pour le commandement entre les Officiers, soit de même régiment, soit de différens régimens, soit de même arme, soit de diverses armes, auront également lieu pour les bas Officiers.

9.

SA MAJESTÉ regardant la subordination graduelle prescrite ci-dessus, comme la base de la discipline, & étant informée que cette subordination n'est pas complettement établie dans ses régimens, & particulièrement entre les Officiers des compagnies & des Capitaines desdites compagnies à leurs Officiers subalternes, Elle ordonne expressément aux Colonels de prendre tous les moyens nécessaires pour l'établir & pour l'assurer, & aux Commandans des divisions, Inspecteurs-divisionnaires & Officiers généraux commandant les brigades, d'y tenir fermement la main.

10.

LA meilleure manière d'y parvenir, étant, que chaque grade surveille les grades qui lui sont subordonnés, & fasse usage envers eux de l'autorité qui lui est confiée, les Officiers généraux rendront, en toutes occasions, les Colonels des régimens responsables de ce qui se passera dans leur régiment, & les puniront de toutes les fautes que ceux-ci auront laissé commettre par négligence, ou qu'ils auront laissées impunies. Les Colonels en useront de même, à leur tour, envers les Officiers supérieurs à leurs ordres; ceux-ci, envers les Chefs d'escadrons; les Chefs d'escadrons, envers les Capitaines; & les Capitaines, envers tous les Officiers de leur compagnie, &c. Cet enchaînement de surveillance gradative, une fois bien établi, chaque grade portera à celui qui est au-dessus de

lui

lui la considération qu'il lui doit, & la discipline aura acquis son essentiel & véritable degré de perfection.

11.

LA discipline ayant besoin du ressort de la crainte & de l'exemple des punitions, mais ces punitions ne devant jamais être arbitraires, ni dans leur espèce ni dans leur application, Sa Majesté fera connoître dans la suite de ce Réglement, ses intentions sur cet objet important.

12.

TOUS les rapports & comptes à rendre, de quelque nature qu'ils soient, ne parviendront aux Officiers supérieurs, & de ceux-ci au Commandant du régiment, que par la gradation établie par les Ordonnances de constitution; & cette forme, qui a pour objet d'assurer à chacun l'exercice des fonctions de son emploi, en même temps que de le maintenir dans leurs limites, ne cessera de s'observer, que dans le cas où le bien du service pourroit en souffrir, & où il seroit instant d'informer sur le champ le Commandant du régiment, ou de prendre ses ordres; mais après que cet objet aura été rempli, les grades intermédiaires seront informés de ce qui se sera passé, selon l'enchaînement accoutumé, & ainsi qu'ils auroient dû l'être, sans l'instance du cas.

13.

TOUS les Officiers de chaque compagnie seront tenus de s'adresser au Capitaine, pour faire parvenir au Commandant du régiment, les demandes de permissions, ou autres relatives au service, qu'ils auront à former, & celui-ci s'adressera au Chef d'escadron.

Le même ordre sera observé pour les demandes de grâces, telles que congé, relief, croix de Saint-Louis, pension, gratification, &c. Les Officiers remettront leurs mémoires au Capitaine de leur compagnie, celui-ci y joindra son attestation & ses observations, & le remettra au Chef d'escadron, qui en usera de même, & les fera passer au Major en second, celui-ci au Major, le Major au Lieutenant - colonel, & le Lieutenant - colonel au Colonel, chacun y ajoutant de même, l'apostille qu'il jugera convenable.

Cette gradation ne sera interrompue qu'en cas d'absence de l'un ou de plusieurs des Officiers qui la composent,

14.

Grâces demandées par le Colonel.

LE Colonel pourra toutefois demander des grâces pour les Officiers du régiment qu'il en jugera susceptibles, sans qu'il ait besoin de faire signer sa demande, ni par l'Officier qu'elle concernera, ni par ceux qui sont en grade au-dessus de cet Officier : bien entendu cependant, que cette demande passera par les Officiers généraux divisionnaires, suivant les règles établies.

15.

Permission d'expliquer au Colonel les motifs de sa demande.

ORDONNE Sa Majesté aux Commandans des régimens, de ne recevoir aucune demande qui ne soit faite conformément à *l'article 13* ; mais en même temps que Sa Majesté a jugé cette forme nécessaire au maintien de la subordination, comme Elle veut qu'il n'y ait jamais dans ses loix de discipline, rien de porté à l'extrême, & qui puisse favoriser l'injustice, Elle n'entend point priver par-là, tout Officier de s'adresser directement au Colonel du régiment, pour lui expliquer, lorsqu'il le trouvera nécessaire, les motifs particuliers & personnels qu'il peut avoir de faire une demande ; cette demande lui parvenant d'ailleurs en forme, par la gradation établie.

16.

Même gradation pour les demandes formées par les Officiers supérieurs.

CE qui est prescrit par les articles ci-dessus, pour les Officiers envers les Capitaines, & pour les Capitaines envers les Chefs d'escadron, aura de même lieu, des Chefs d'escadron au Major en second, de celui-ci au Major, & du Major au Lieutenant-colonel & au Colonel.

Chaque grade s'adressant ainsi au grade qui le précède, dans la forme, & avec la modification expliquée par les articles ci-dessus.

17.

MAIS rien n'étant propre à assurer l'exécution des règles, comme la fixation & l'uniformité de tous les détails qui y sont relatifs, Sa Majesté a fait annexer au présent Règlement, des modèles de tous les rapports, demandes de permissions, mémoires pour grâces, &c. & son intention est que ces modèles soient exactement suivis.

Uniformité à établir dans les rapports, &c.

18.

L'EXEMPLE de la subordination donné par les grades supérieurs, influant puissamment sur celle des grades inférieurs, les relations gradatives de discipline & d'obéissance d'un Officier supérieur à l'autre, dans chaque régiment, existeront & seront maintenues par le Colonel, avec la même vigilance & la même fermeté que dans les autres grades.

Le Colonel chargé de maintenir la subordination graduelle.

19.

LES ordres que les Colonels donneront à leurs régimens, en leur absence, seront exécutés avec la même ponctualité que quand ils seront présens, sauf les obstacles ou empêchemens, que des circonstances positives pourroient y apporter; l'Officier commandant le régiment en leur absence, devant alors leur en rendre compte, & leur expliquer les motifs qui ont fait apporter du retard ou des modifications à leurs ordres.

Ordres du Colonel exécutés en son absence.

20.

MAIS en même temps que Sa Majesté veut que l'autorité des Colonels de ses régimens, soit pleine & entière dans tout ce qui concerne l'exécution de ses Ordonnances & le bien de son service, Elle prendra ci-après, au titre intitulé: *Des moyens d'exécution du présent Règlement,* des mesures pour que les Colonels ne puissent pas

Surveillance des Commandans de division.

s'écarter eux-mêmes des Ordonnances, en y substituant, soit des changemens arbitraires, soit des interprétations, soit des supplémens de détails prétendus nécessaires, mais qui se trouveroient y déroger en quelque chose que ce puisse être; & au moyen de ces mesures, Elle rendra les Commandans de ses divisions responsables, que tous les Colonels de ses régimens exercent leur autorité de la même manière, & n'en négligent l'usage ou n'en transgressent les bornes en aucun point.

TITRE II.

De l'ordre intérieur de Discipline & de Subordination dans les Compagnies.

ARTICLE PREMIER.

Subordination au Chef d'escadron.

LES deux compagnies qui composent chaque escadron, seront, conformément à l'Ordonnance de constitution des troupes à cheval, considérées comme deux divisions de l'escadron, & par conséquent toutes deux subordonnées sous tous les rapports, au Chef de l'escadron, comme si l'escadron ne formoit qu'une compagnie.

2.

Chef d'escadron remplacé par le plus ancien Capitaine.

EN l'absence du Chef d'escadron, le plus ancien des deux Capitaines le remplacera dans sa surveillance & dans son autorité, sans cesser pour cela, d'être attaché à sa compagnie, & d'être spécialement chargé de tout ce qui y a rapport.

3.

Fonctions des Officiers & bas Officiers surveillés par le Commandant du régiment.

L'ORGANISATION de chaque compagnie, subdivisions & escouades, telle qu'elle est établie par l'Ordonnance de constitution des régimens, ainsi que l'indication sommaire des fonctions prescrites à chaque grade, par la même Ordonnance, devant servir de base à toute la discipline intérieure de la compagnie, les Commandans des régimens

régimens veilleront à ce que les Officiers, bas Officiers
& Brigadiers, se conforment, en toute occasion, à l'intention & à l'esprit de cette Ordonnance, chacun en ce
qui le concerne.

4.

CETTE Ordonnance prescrivant de faire en sorte que
les mêmes Cavaliers, Dragons, Hussards & Chasseurs,
soient constamment soumis à la vigilance des mêmes
Officiers & bas Officiers, les Commandans des régimens
tiendront également la main à ce que cette disposition
soit observée, le plus qu'il sera possible, tant dans la
composition des subdivisions & escouades, que dans la
formation sous les armes, & dans l'arrangement des
chambrées & ordinaires.

5.

LA formation des chambrées, ainsi que celle des
ordinaires, aura lieu conformément à ce qui sera dit
au Titre IV.

6.

LES Brigadiers répondront de tout ce qui se passera
dans leur escouade, de contraire aux Ordonnances & aux
Réglemens de Sa Majesté, ainsi qu'aux ordres journaliers, donnés, soit par le Commandant du régiment,
soit par le Chef de l'escadron, soit par le Commandant
de la compagnie.

7.

EN l'absence du Brigadier, l'escouade sera commandée
par l'Appointé de la même escouade; si toutefois le
Commandant de la compagnie ne l'en juge pas capable,
& que l'absence du Brigadier doive se prolonger, il
donnera le commandement de l'escouade à tel Appointé
qu'il jugera à propos.

8.

LES Maréchaux-des-logis répondront chacun de la

C

subdivision à laquelle, conformément à l'Ordonnance de constitution, ils seront attachés, d'abord au Maréchal-des-logis en chef auquel ils seront subordonnés, & ensuite aux Officiers.

9.

*Suppléés
en cas d'absence.*

EN l'absence du Maréchal-des-logis, & quand cette absence devra se prolonger, il sera remplacé dans la surveillance des deux escouades qui formeront la subdivision, par le plus ancien Brigadier des deux escouades, ou par tel autre que le Commandant de la compagnie jugera à propos d'attacher dans ce cas, à une desdites deux escouades.

10.

*Maréchal-
des-logis en chef
suppléé
en cas d'absence.*

EN l'absence du Maréchal-des-logis en chef, & quand cette absence devra se prolonger, le Commandant de la compagnie le fera suppléer par tel autre Maréchal-des-logis de ladite compagnie qu'il en jugera le plus capable.

11.

*Même autorité
à ceux
qui suppléent,
qu'aux titulaires.*

TOUS les détails de remplacement, pour suppléer, ainsi qu'il est dit ci-dessus, en cas d'absence prolongée, le Maréchal-des-logis en chef, par un autre Maréchal-des-logis ; les Maréchaux-des-logis, par des Brigadiers ; & les Brigadiers par des Appointés, seront à la disposition du Capitaine, & en l'absence de celui-ci, du Commandant de la compagnie : & les Maréchaux-des-logis, Brigadiers ou Appointés choisis pour ces remplacemens, commanderont avec la même autorité, que s'ils avoient le grade effectif de l'emploi qu'ils occuperont passagèrement.

12.

*Remplacemens
momentanés
laissés à la volonté
du Capitaine.*

MAIS quelqu'utiles que puissent être quelquefois ces remplacemens de supplément, pour maintenir & pour assurer la discipline intérieure, les Commandans des compagnies ne se regarderont pas comme assujétis à les faire toujours, parce que, comme il importe que les bas Officiers, Brigadiers & Appointés aient l'habitude & la connoissance des Cavaliers, Dragons, Hussards & Chasseurs qu'ils commandent, les mutations trop fréquentes leur seroient perdre cet avantage : ce sera donc à l'intelligence & à la prudence des Commandans des compagnies, à les guider dans l'exécution des articles ci-dessus.

13.

LA discipline intérieure des compagnies, dépendant beaucoup des bas Officiers & des Brigadiers, par les relations continuelles qu'ils ont avec les Cavaliers, & les Commandans des régimens ne pouvant par conséquent trop mettre de soins à les bien composer & à les bien faire servir, le présent Réglement fixera les moyens de les former & de les choisir, ainsi que les principes de leurs devoirs & du bon esprit dont ils doivent être animés.

Choix des bas Officiers & Brigadiers.

14.

LES Officiers de chaque compagnie seront attachés aux subdivisions qui la composent, conformément à l'Ordonnance de constitution ; le Capitaine les fera suppléer en cas d'absence prolongée, les uns par les autres, dans l'ordre de leur grade, de manière que chacun d'eux soit responsable d'une portion plus ou moins forte de la compagnie, en proportion de ce qu'ils seront, tous ou en partie, présens.

Officiers responsables de leur subdivision.

15.

EN l'absence des Officiers titulaires des compagnies, le Chef d'escadron les fera suppléer dans leurs fonctions par les Officiers de remplacement attachés à son escadron ; mais il ne les emploira ainsi, que quand ils seront instruits de tout point & en état de remplir parfaitement le service qui leur sera assigné.

Officiers titulaires suppléés par ceux de remplacement.

*Agrément
du Commandant
du régiment,
pour ces
remplacemens.*

16.

LA disposition des Officiers de remplacement, pour suppléer les Officiers titulaires, n'aura toutefois lieu dans chaque escadron, qu'avec l'agrément du Commandant du régiment, lequel pourra attacher à un escadron des Officiers de remplacement d'un autre escadron, s'il le juge plus avantageux au bien du service.

17.

*Autorité
des Officiers
de remplacement.*

LES Officiers de remplacement qui seront ainsi attachés spécialement à une compagnie pour y suppléer un Officier de leur grade, y auront la même autorité & les mêmes fonctions que s'ils étoient titulaires.

18.

*Ordres donnés
par le Capitaine
aux Officiers
& bas Officiers.*

INDÉPENDAMMENT des fonctions habituelles & du service journalier prescrit aux Officiers & bas Officiers, tant par le présent Réglement, que par les autres Ordonnances de Sa Majesté, le Capitaine ou Commandant de la compagnie, en son absence, pourra employer lesdits Officiers ou bas Officiers, ainsi qu'il le jugera nécessaire, pour l'exécution & le maintien de tous les objets d'ordre & de discipline; bien entendu qu'il ne leur donnera aucun ordre contraire, soit au Réglement de Sa Majesté, soit à ce qui est ordonné par les Officiers supérieurs : mais si par une extension abusive de son autorité, cela pouvoit avoir lieu, ils n'en seront pas moins tenus d'obéir, sauf à faire ensuite leurs représentations à ce sujet, au Commandant de leur escadron, & en l'absence de celui-ci, à les faire parvenir au Commandant du régiment.

19.

*Les Capitaines
responsables
de
leur compagnie.*

ENFIN les Capitaines devant exercer toute l'autorité de leur grade sur les Officiers, bas Officiers, Brigadiers, Cavaliers, Dragons, Hussards & Chasseurs de leur compagnie, & ayant, ainsi qu'il sera dit au titre des punitions,

punitions, le droit de les punir quand ils seront en
faute ; l'intention expresse de Sa Majesté est, que les
Colonels de ses régimens, & sous eux, tous les autres
Officiers supérieurs, ainsi que les Chefs d'escadrons, ne
fassent que les surveiller & les diriger dans l'emploi de
cette autorité, & les rendent seuls & personnellement
responsables de la police, discipline, tenue, instruction
& administration de leur compagnie ; la même autorité
devant au surplus, en l'absence du Capitaine, passer à
l'Officier qui le supplée au commandement de la compagnie, en sorte que la compagnie ait toujours un Chef,
qui, sous tous les rapports, réponde de ce qui s'y
passe.

TITRE III.

Des règles extérieures de respect, de déférence & d'égards entre les divers grades.

LA subordination & le respect que les grades inférieurs doivent en toute occasion aux grades qui leur
sont supérieurs, ne devant pas se borner à l'obéissance
qu'exige le service, mais se manifester aussi en toute
circonstance & sous tous les rapports, Sa Majesté n'a
pas regardé comme indifférent d'entrer à cet égard dans
quelques détails, & de fixer des règles, qui seront
uniformément & ponctuellement observées dans tous
les régimens de son armée, de quelqu'arme qu'ils
soient.

ARTICLE PREMIER.

LES grades inférieurs préviendront toujours les grades
supérieurs, soit par le salut d'usage, quand il n'en sera pas
fixé d'autres, soit par les formes de salut ci-après prescrites.

Salut dû au grade
supérieur.

2.

TOUT Brigadier, Cavalier, Hussard, Dragon ou
Chasseur, s'arrêtera quand il rencontrera, soit un Officier

Forme du salut
pour
les Brigadiers,
Cavaliers, &c.

D

général, soit le Commandant de la place, soit le Commandant de son régiment, & il lui fera face, en se plaçant comme sous les armes, & en le fixant, sans porter la main au chapeau; cette forme ayant à la fois pour objet de lui rendre honneur, & de se soumettre à son inspection.

Il en usera de même pour les autres Officiers supérieurs de son régiment, pour le Commandant de sa compagnie, & pour le Chef de l'escadron dont sa compagnie sera partie.

A l'égard de tout autre Officier, soit du régiment, soit des autres corps, soit de l'État-major des places, des Commissaires des guerres, ainsi que de tous Chevaliers de l'Ordre de Saint-Louis avec uniforme ou sans uniforme, il les saluera sans s'arrêter, en portant la main à plat sur le côté du chapeau, casque ou bonnet, opposé à celui où sera la personne qu'il saluera.

Il saluera de même les Adjudans du régiment & les bas Officiers.

Lorsqu'un Officier général, ou le Commandant de la Place, ou un Officier supérieur du régiment, ou Commandant de la compagnie, ou Chef de l'escadron, entrera dans une chambrée, les hommes qui la composent se lèveront, se mettront à leur place, au pied de leur lit, & porteront la main droite au chapeau, casque ou bonnet, jusqu'à ce que le Chef de la chambrée fasse le commandement de *repos*; pour tout autre Officier, lesdits hommes se lèveront seulement sans se déplacer.

Les Cavaliers, Dragons, Hussards ou Chasseurs en faction, rendront aux divers grades les honneurs prescrits dans l'Ordonnance du service des Places, en attendant que Sa Majesté ait réglé par la nouvelle Ordonnance qu'Elle rendra concernant ce service, les changemens qu'Elle jugera convenables de faire à cet égard, soit relativement aux emplois de la nouvelle constitution, soit par analogie à ce qu'Elle vient de prescrire ci-dessus.

3.

LES bas Officiers salueront tout Officier général, ainsi

que le Commandant de la Place, les Officiers supérieurs du régiment & le Commandant de leur compagnie
& de leur escadron, en s'arrêtant, ôtant leur chapeau, &
le tenant abattu du côté droit, sans faire aucune incli-
naison, ni de tête, ni de corps.

A l'égard de tous les autres Officiers, ils ne s'arrêteront pas, & les salueront du chapeau, ainsi qu'il est dit
ci-dessus.

4.

TOUTES les fois qu'un bas Officier ou Cavalier sera
armé d'un fusil ou mousqueton, il ne fera point le salut
du chapeau, casque ou bonnet, ni de mouvement pour
y porter la main, il portera seulement régulièrement
ses armes sans s'arrêter.

Lorsqu'un Officier général, supérieur ou autre, ap-
pelera un bas Officier ou Cavalier pour lui parler, celui-
ci s'avancera avec empressement jusqu'à deux ou trois
pas de lui, en mettant le chapeau bas si c'est un bas
Officier, ou y portant la main si c'est un Cavalier, &
l'un ou l'autre ne remettant le chapeau, ou n'en détachant
la main, que quand l'Officier aura cessé de lui parler.

Quand, soit des Officiers généraux, soit le Commandant de la Place, soit celui du régiment, passeront
à portée des bas Officiers ou Cavaliers assis ou arrêtés,
dans le premier cas les bas Officiers ou Cavaliers se
lèveront, se placeront dans la position du port-d'arme,
& dans cette position, les bas Officiers ôteront le chapeau
& les Cavaliers y porteront la main droite à plat; dans
le second, ils se tourneront du côté de l'Officier, & le
salueront de même.

Si les Officiers désignés ci-dessus sont arrêtés, les
bas Officiers ou Cavaliers qui passeront devant eux, les
salueront en passant, en ôtant le chapeau, ou en y portant
la main à plat.

Si le bas Officier est armé, il portera régulièrement
l'arme du côté droit; si c'est un Cavalier, il se placera au
port-d'arme, l'un ou l'autre la présenteront, si l'Officier qui

l'appellera, eſt ou un Officier général, ou le Commandant de la place, ou un Officier ſupérieur du régiment, ou
le Commandant de ſa compagnie, ou le Chef de l'eſcadron.

5.

Salut rendu
par
le grade ſupérieur.

Tout grade ſupérieur rendra exactement au grade
inférieur le ſalut qu'il en recevra; ce ſalut entre Officiers
de tout grade, ſera le ſalut d'uſage.

Tout Officier ôtera ſon chapeau à tout bas Officier
dont il recevra le ſalut, & il portera la main au chapeau
pour tout Cavalier.

Tout Officier non reçu, & faiſant le ſervice de bas
Officier ou de Cavalier, ſera tenu de ſe conformer à la
forme du ſalut qui eſt preſcrit ci-deſſus, pour chacun
des grades dont il remplira les fonctions.

6.

Relation mutuelle
de reſpects
& d'égards,
ſtrictement
obſervée.

Aucun Officier de quelque grade qu'il ſoit, n'apportera
ni de la négligence ni de l'indifférence, ſoit à ſe faire
rendre, par ſes inférieurs, les marques extérieures de
reſpect qu'ils lui doivent, ſoit à les reconnoître par les
réciprocités d'égards établis; cette relation mutuelle de
reſpects & d'égards, étant à la fois un devoir & un ſigne
de la diſcipline qui doit exiſter dans toute armée, où on
a le ſentiment de l'ordre & de la ſubordination.

TITRE IV.

*De l'aſſiette du Logement, de l'arrangement des
Chambrées & de la formation des Ordinaires.*

Aſſiette du Logement.

ARTICLE PREMIER.

Logement
des bas Officiers
& Brigadiers.

Les compagnies étant partagées en ſubdiviſions &
eſcouades, le logement ſera toujours, ſoit que les compagnies occupent des caſernes ou des maiſons ſépa-
rées, ſoit même qu'elles ſoient logées chez l'habitant,

aſſis

affis en conséquence de cette formation, & de manière que les bas Officiers & Brigadiers soient toujours le plus près qu'il sera possible des hommes, dont la surveillance leur est spécialement confiée.

2.

LA force des chambrées étant subordonnée à l'espace des chambres & au nombre de lits qu'elles peuvent contenir, il ne peut être établi rien de fixe sur cet objet; mais les ordinaires seront toujours, soit l'hiver, soit l'été, de douze ou quinze hommes au moins, cette proportion ayant été jusqu'ici reconnue la plus avantageuse pour l'économie, ainsi que pour la facilité de la vie du Cavalier.

3.

LES Capitaines fixeront le nombre des ordinaires, en conséquence de la règle établie ci-dessus, d'après la force de leur compagnie, en évitant, autant qu'il se pourra, de briser les escouades.

Ils tâcheront aussi de ne pas mêler, dans les chambrées, des hommes de plusieurs ordinaires.

Mais ces arrangemens intérieurs seront, comme de raison, subordonnés aux localités & aux circonstances particulieres qui pourroient être plus favorables à la discipline & au bien du service.

4.

SA MAJESTÉ étant dans l'intention de ne faire changer les Troupes de garnison ou quartier, que dans des cas extraordinaires, les Commandans des régimens chercheront à leur procurer toutes les améliorations possibles d'ordre & de commodité; & les Chefs de division, Intendans des généralités, Directeurs des fortifications, Ingénieurs en chef, Commissaires des guerres, & Officiers municipaux des villes, leur donneront à cet égard, toutes les facilités qui dépendront d'eux.

Logemens numérotés des numéros des escadrons & compagnies.

5.

LES régimens feront marquer extérieurement les corps de bâtimens ou maisons occupées, du numéro des escadrons & des compagnies; de manière que si ce sont des maisons particulières, les numéros qu'ils mettront à ces maisons, ne puissent point se confondre avec les numéros de police de la ville.

6.

Chambres numérotées par compagnies.

DANS les casernes ou maisons qui en tiendront lieu, chacune des chambres qu'occupera une compagnie, sera, indépendamment de cela, numérotée sur la porte, la première du numéro 1, & les autres, des numéros suivans, selon la place qu'elles occuperont dans les corridors & escaliers.

7.

Écriteau à placer à chaque porte.

ON collera sur la porte de chaque chambre, en dehors, un papier où seront inscrits, en gros caractères, le nom & le numéro de la compagnie, celui de l'escadron, le nom du Capitaine, le numéro des subdivision & escouade dont la chambre fait partie, le nom de l'Officier qui y est attaché, celui des bas Officiers, & enfin celui des Brigadiers, Cavaliers, Dragons, Hussards ou Chasseurs qui occupent ladite chambre, en désignant, de plus, le nom du chef d'ordinaire & le numéro de l'ordinaire. Ces tableaux seront faits à colonnes & avec une marge suffisante pour inscrire les mutations; on les renouvelera toutes les fois que cela sera nécessaire.

A côté du nom de chaque Officier, sera inscrit son logement.

Formation & Police des Ordinaires.

8.

Surveillance des Capitaines sur les ordinaires.

LA bonne administration des ordinaires pouvant beaucoup influer sur la force & la santé des Cavaliers, les Capitaines ne sauroient donner trop de soins à cet objet important, d'abord par le choix des chefs d'ordinaire,

& ensuite par une surveillance assidue, tant de leur part
que de celle des Officiers & bas Officiers.

9.

Brigadiers,
Chefs d'ordinaire.

LES chefs d'ordinaire seront, autant qu'il sera possible,
pris parmi les Brigadiers, afin que réunissant l'autorité de
leur grade à ces fonctions, ils puissent, en même temps
qu'ils répondront de la conduite de l'ordinaire, répondre
aussi de tout ce qui se passera, dans les chambrées, de
contraire à l'ordre, à la police & à la discipline.

10.

Cas d'exception.

MAIS quoique telle doive être la règle habituelle, la
conduite de l'ordinaire exigeant un genre d'intelligence,
dont un Brigadier, bon d'ailleurs pour toutes ses autres
fonctions, pourroit manquer, & la confiance des Cavaliers
dans leur chefs d'ordinaire pour cette sorte de détails, ne
devant pas être une chose indifférente pour déterminer
ce choix, le Capitaine pourra dans ce cas, choisir pour
chef d'ordinaire un Appointé, lequel répondra alors de
la gestion de l'ordinaire, le Brigadier restant également
responsable de tout ce qui se passera de relatif à la police
& à la discipline, soit dans l'ordinaire, soit dans la
chambrée de son escouade.

11.

Détails
de l'ordinaire
renvoyés
à l'Ordonnance
d'administration.

SA MAJESTÉ ayant déterminé, par son Règlement
concernant l'administration des régimens, en date du
20 Juin dernier, tout ce qui a rapport à celle de la
portion de la solde qui doit être affectée à la subsistance
des Cavaliers, Dragons, Hussards & Chasseurs, à la
mise du pain en commun, à la gestion particulière des
chefs d'ordinaire, à la forme de leurs livrets de compte
& à la surveillance qui doit être exercée, tant par les
Officiers des compagnies, que par les Capitaines, les
Chefs d'escadron & le Commandant du régiment, sur
cette partie essentielle de l'administration des compagnies, le présent Règlement ne fera mention ci-après,

que de ce que la tenue des ordinaires peut avoir de commun avec la police & la discipline.

12.

Cavaliers commandés pour faire la soupe.

LES Cavaliers, Dragons, Hussards & Chasseurs, seront commandés, chacun à leur tour, pour la soupe, & ils ne pourront jamais la faire deux jours de suite, à moins qu'ils n'y soient condamnés par punition.

Les Cuisiniers seront chargés de balayer les chambres & le quartier, ils seront en sarrau, pantalon & bonnet de police, sans d'ailleurs pouvoir se dispenser de se peigner, & de se mettre, le matin, dans le même état de propreté que les autres Cavaliers.

13.

Brigadiers & Chefs d'ordinaire exempts de la corvée de la soupe.

LES Brigadiers seront dispensés de la corvée de la soupe.

Lorsqu'un Appointé ou Cavalier fera les fonctions de chef d'ordinaire, il sera exempt de la corvée de la soupe seulement, sans rien mettre pour cela à la masse de compagnie.

14.

Les bas Officiers feront ordinaire entr'eux.

LES bas Officiers de chaque escadron ou de deux escadrons, mangeront ensemble, & aucun ne pourra manger ailleurs qu'à son ordinaire, sans la permission du Commandant du régiment, laquelle permission ne leur sera accordée, que lorsqu'ils auront leur ménage au régiment.

Ils prendront dans une des compagnies de l'escadron, un homme pour faire leur ordinaire; le Chef d'escadron désignera pour cela un des hommes le moins propre au service militaire; cet homme payera son service, ainsi qu'il est fixé par l'Ordonnance d'administration.

15.

En cas de détachement, les bas Officiers,

DANS le cas où un escadron seroit séparé en plusieurs quartiers, les bas Officiers ne pouvant pas alors, dans chaque

chaque quartier, se trouver en nombre suffisant pour faire ordinaire, ils pourront manger avec les Cavaliers, aux ordinaires des subdivisions auxquelles ils seront attachés. *pourront vivre avec les Cavaliers*

16.

LES bas Officiers ne pourront jamais se servir d'aucune femme ou fille pour leur cuisine, sans une permission par écrit, signée de l'Adjudant, & approuvée par le Major. *Défense d'employer des femmes à la cuisine,*

17.

LES Adjudans seront responsables de l'exécution de ce qui est ordonné ci-dessus pour les bas Officiers, & ils présenteront, tous les premiers du mois, au Major, qui le remettra au Commandant du régiment, un état des ordinaires des bas Officiers, avec le montant de ce qui leur en aura coûté par mois, afin que si leur dépense excede leurs moyens, il y soit mis ordre. *Les Adjudans veilleront sur les ordinaires des bas Officiers.*

18.

TOUT ce qui a rapport, tant à la gestion des ordinaires, qu'à leur police & discipline, sera, par les soins des Commandans des compagnies, extrait de l'Ordonnance d'administration & du présent Règlement, & inscrit lisiblement sur une feuille qui sera collée ou attachée à la cheminée de chaque ordinaire. *Réglemens pour les ordinaires, affichés dans les chambrées.*

Arrangement & tenue du Quartier & des Chambres.

19.

LA propreté dans l'intérieur des quartiers, ainsi que l'arrangement des effets dans les chambres, influant nécessairement sur la santé des Cavaliers, sur l'exactitude & la célérité du service, & sur la durée desdits effets, les règles ci-après établies sur ces différens objets, seront soigneusement & uniformément observées dans tous les régimens des Troupes à cheval de Sa Majesté. *Propreté dans les quartiers,*

Cours, escaliers & corridors balayés.

20.

LES cours, escaliers & corridors du quartier, seront toujours maintenus dans le plus grand état de propreté, & à cet effet balayés exactement tous les jours, par les prisonniers détenus aux salles de discipline, & par les consignés, ou à leur défaut, par des Cavaliers de corvée.

Chambres balayées.

21.

LES chambres seront de même toujours tenues avec la plus grande propreté, & pour cela balayées tous les matins, ainsi qu'il sera dit ci-après; les Brigadiers & chefs d'ordinaires en répondront, & cette corvée sera, comme il a été dit, faite par les Cuisiniers.

Vitres nettoyées.

22.

LES vitres seront nettoyées en dedans & en dehors, les 1.er de chaque mois.

Rateliers & planches à pain.

23.

TOUTES les chambres seront garnies, conformément à l'usage, de rateliers & de planches à pain.

Lits marqués du nom des Cavaliers.

24.

LE nom de chaque Cavalier sera inscrit à la tête du lit qu'il occupe, à la place la plus apparente.

Planche pour placer le porte-manteau.

25.

ON établira au-dessus de chaque lit, s'il n'y en a point d'établie, & à hauteur égale, pour tous, une planche destinée à y placer le porte-manteau & la besace du Cavalier.

Besace & porte-manteau posés sur la planche.

26.

LA besace & le porte-manteau renfermant, chacun, les effets fixés par l'Ordonnance d'habillement & d'équipement, seront posés sur cette planche.

Porte-manteau fermé.

27.

LE porte-manteau sera toujours fait & fermé de

manière à pouvoir être chargé, à l'exception toutefois des effets ci-après désignés, lesquels, soit pour leur conservation, soit parce qu'ils sont d'usage habituel, seront arrangés ainsi qu'il suit.

28.

LA schabraque, la housse & le manteau, seront pliés, paquetés suivant la manière établie, & posés sur la planche au-dessus du lit.

Effets d'équipement.

29.

LES chapeaux & bonnets, seront pendus au-dessus du lit.

Les casques avec leurs étuis, seront mis sur un ou deux rayons destinés à cet effet dans chaque chambre, & tous étiquetés du nom de chaque homme.

Chapeaux, bonnets & casques.

30.

LES habits, les vestes & les gilets, quand on ne les portera pas, seront pliés en deux, la doublure en dehors, & posés sur la planche, & jamais sur des cordes, ce qui obstrue l'air & le jour.

Effets d'habillement.

31.

ON ne souffrira pas, autant qu'il sera possible, qu'on fasse sécher du linge dans les chambres.

Le linge sale sera placé entre la paillasse & le matelas.

Linge.

32.

LES souliers seront suspendus à des chevilles derrière le chevet du lit, les semelles en dehors.

Le sac à poudre sera pendu à la même place.

Les ustensiles & autres petits objets nécessaires à la tenue, seront serrés & rangés, après qu'on s'en sera servi, de manière à ne pas paroître.

Souliers & menus ustensiles.

33.

LES carabines ou mousquetons seront placés au ratelier,

Armes.

& étiquetés chacun du nom du Cavalier, sur le côté de la crosse, la platine sera en dehors & le chien abattu.

Les pistolets seront suspendus à un clou attaché à une tringle de bois, au-dessus du ratelier d'armes.

Les gibernes garnies de leurs couvertures, étiquetées du nom de chaque Cavalier, seront au-dessus des casques ou des chapeaux.

Les sabres garnis de leur ceinturon, dans le fourreau, & hors du fourreau pour le moment de la visite des Officiers, seront placés à côté & sur la même ligne que les gibernes.

34.

Brides & selles. LES brides & selles seront suspendues & étiquetées.

Les selles ne seront placées dans les chambres, qu'autant qu'on ne pourra pas avoir d'autre lieu propre à les recevoir; & soit qu'elles soient placées dans les chambres ou ailleurs, elles seront suspendues de façon qu'elles ne puissent s'endommager ni contracter d'humidité; elles seront étiquetées du nom du Cavalier.

35.

Chauffage. LE chauffage sera placé, quand il ne pourra pas l'être ailleurs, sous les lits, s'il est en bois; & s'il est de tourbe, il sera placé sous un des côtés du manteau de la cheminée.

36.

Ustensiles de cuisine, &c. Les gamelles, cruches, ou autres ustensiles de cuisine, seront rangés dans un coin ou sous la table, & toujours de la plus grande propreté.

Les légumes seront en tas dans un coin de la chambre.

Les pains seront placés sur les tablettes qui y sont destinées, ainsi que les cuilleres.

37.

Arrangemens ci-dessus. AU reste, l'arrangement prescrit ci-dessus, étant subordonné

donné aux localités, il va de suite qu'il faut le considérer comme un exemple donné, plutôt que comme un ordre général, & auquel il faille s'astreindre.

Il s'agit donc seulement, par-tout où cet arrangement ne pourra pas être littéralement observé, de se contenter de suivre l'esprit de ce réglement, qui est d'établir dans la tenue des chambres un ordre uniforme, qui puisse à la fois faciliter l'inspection des effets & leur conservation, entretenir la propreté, & sur-tout mettre les Cavaliers, Dragons, Hussards & Chasseurs, en état de tout trouver promptement sous leur main, s'il falloit s'assembler à l'improviste avec armes & bagages.

A cet effet, toutes les fois que le régiment entrera dans un nouveau quartier, il sera établi, suivant les localités du nouveau logement, & le plus approximativement qu'il sera possible de l'ordre prescrit par le présent Titre, une chambre qui servira de modèle, & à l'arrangement de laquelle toutes les autres chambrées seront tenues de se conformer.

38.

*Ordre
à faire observer
aux Cavaliers.*

Le Cavalier pourra, pendant la journée, déplacer & défaire son porte-manteau & sa besace, démonter ses armes, arranger sa buffleterie, enfin toucher à tous ses effets, lorsqu'il aura à s'en servir ou à les réparer; mais hors les cas nécessaires, & toutes les fois qu'il ne les aura pas ensuite remis soigneusement à la place ordonnée, & qu'il aura dérangé ou détruit les étiquettes, il sera consigné pendant un ou plusieurs jours, sauf à augmenter la punition suivant les circonstances, & s'il y avoit récidive.

39.

*Réglemens
pour la tenue
des chambres,
affichés.*

Les règles établies ci-dessus pour la tenue des chambres, avec les changemens que le Commandant du régiment pourra juger à propos d'indiquer ou d'autoriser relativement aux localités ou aux circonstances, seront inscrites sur une feuille, & collées ou attachées dans les chambres, en dedans de la porte, pour qu'aucun Cavalier ne puisse prétendre l'ignorer.

40.

Tenue des chambres en hiver.

IL reste à observer que, pendant l'hiver, une partie des effets, & sur-tout des effets d'équipement, d'armement & d'harnachement, ne doit pas rester dans les chambres, soit parce que les hommes sont absens, soit parce que ces effets, pour leur conservation, doivent être serrés dans les magasins des compagnies, soit parce qu'ils ont besoin d'être réparés; mais au printemps, après la rentrée des sémestriers & les réparations finies, l'arrangement des chambres & effets doit être rétabli suivant l'ordre prescrit, & la saison des exercices, qui est la représentation de la saison de campagne, étant arrivée, les Cavaliers doivent alors avoir sous la main tout ce qui leur est nécessaire pour s'équiper & paroître promptement à cheval.

TITRE V.

De la Tenue & du Service des Écuries.

ARTICLE PREMIER.

Distance des chevaux fixée.

L'AISANCE des chevaux dans les écuries, contribuant beaucoup à leur santé, ainsi qu'à prévenir les accidens, l'emplacement de chaque cheval sera toujours compté, autant qu'il sera possible, à raison de trois pieds & demi; cette mesure sera prise pour base constante & indispensable, tant dans les nouvelles constructions des casernes destinées aux Troupes à cheval, que dans les reconnoissances que Sa Majesté a ordonnées pour la répartition fixe & permanente desdites Troupes.

2.

Chevaux barrés.

TOUS les chevaux seront barrés, quand il se pourra,

d'un en un, & au moins d'ordinaire en ordinaire, c'est-
à-dire, de trois en trois chevaux; l'extrémité des barres,
ainsi que les cordes, seront empaillées : la dépense de
ces barres & cordes se fera sur la masse des fourrages,
& sera en conséquence passée par les Inspecteurs, dans
les comptes de ladite masse.

3.

LE nom & le numéro de la compagnie qui occupera
une écurie, seront inscrits en gros caractères sur la porte
ou sur un des poteaux de l'écurie, le plus près de la porte
d'entrée.

Écuries numérotées.

4.

IL y aura à la porte de chaque écurie, une chaîne
de fer, scellée dans la maçonnerie, & placée à hauteur
du poitrail du cheval.

Porte fermée par une chaîne.

La dépense de cette chaîne devant être considérée
comme inhérente aux bâtimens, elle sera partie des
dépenses de casernement, à la charge de qui il appartiendra.

5.

LE nom de chaque cheval sera écrit en gros caractères,
sur une petite planche placée au mur au-dessus de la
tête, toutes ces étiquettes étant sur la même ligne.

Attaches des chevaux, &c.

Tous les chevaux seront attachés d'une manière uniforme, & chaque longe sera garnie d'un billot.

Toutes les fois qu'on sortira un cheval de l'écurie,
il sera en bridon d'abreuvoir, & le licou sera attaché
par la boucle du montant, au bougon du ratelier.

6.

CHAQUE écurie sera garnie des ustensiles nécessaires, tels que pelles, fourches en bois & jamais en
fer, rateaux, civières, lanternes. Ces ustensiles seront
fournis & entretenus aux dépens de la masse de chaque
compagnie.

Ustensiles d'écurie.

7.

Il y aura dans chaque écurie, un ou plusieurs Cavaliers commandés à tour de corvée journalière, pour le service de ladite écurie, sous le nom de *gardes d'écurie*.

8.

Consignes des Gardes d'écurie.

Les gardes d'écurie seront relevés tous les jours, à onze heures & demie, en présence du Brigadier de semaine ; ils se consigneront de l'un à l'autre les ustensiles d'écurie, & le Brigadier de semaine vérifiera l'état dans lequel ils se les remettront ; chaque garde d'écurie étant responsable de ceux qu'il aura reçus la veille, & devant payer ceux qui se trouveroient perdus ou endommagés pendant la durée de son service.

9.

Ne pourront quitter leur poste.

Les gardes d'écurie ne pourront quitter leur poste que pour aller manger la soupe ; ils tendront auparavant la chaîne de l'écurie, & pendant l'heure de la soupe, la garde de police enverra quelques hommes pour avoir l'œil aux chevaux.

10.

Leur tenue.

Les gardes d'écurie seront toujours en bonnet de police, gilet, pantalon & en sabots ou mauvais souliers.

11.

Vigilance des Gardes d'écurie.

Ils seront, soit de jour, soit de nuit, vigilans & prompts à se porter au moindre bruit que feront les chevaux, afin de prévenir les accidens qui pourroient survenir par des chevaux qui se battroient, ou qui s'embarrasseroient dans leur barre ou dans leur longe ; tous les accidens de ce genre peuvent être si habituellement prévenus par les soins des gardes d'écurie, que lorsqu'il en arrivera, & qu'il sera reconnu ou seulement soupçonné avec vraisemblance, que c'est par la négligence du garde d'écurie, il devra être puni plus ou moins sévèrement, suivant l'exigence du cas.

12. Les

12.

LES gardes d'écurie ne donneront jamais à manger aux chevaux, qu'aux heures indiquées & en présence d'un bas Officier.

13.

ILS rendront compte à chaque pansage, au Maréchal-des-logis en chef & à l'Officier de semaine, des accidens qui auroient pu arriver dans l'intervalle desdits pansages, & des indispositions qui seroient survenues à quelques chevaux de l'écurie; si ces accidens ou indispositions sont d'une nature grave, ils n'attendront pas l'heure du pansage pour en avertir, & ils en informeront sur le champ le Brigadier de semaine, pour qu'il y soit porté remède.

14.

ILS entretiendront soigneusement allumée, toute la nuit, la lanterne qui doit être dans chaque écurie, & ils seront responsables que qui que ce soit n'entre avec du feu, ou ne fume dans l'écurie.

15.

ILS tiendront l'écurie dans le plus grand état de propreté, en se conformant à cet égard à ce qui sera prescrit ci-après.

16.

LA manière de régler la nourriture des chevaux, & de la leur distribuer, n'étant point indifférente, le Commandant du régiment, les Chefs d'escadron, & les Commandans des compagnies veilleront avec soin à tous les détails qui y ont rapport.

Cette manière ne peut être ni invariable ni uniforme, puisqu'elle doit dépendre de la fixation de la ration, de la qualité des denrées qui la composent, de l'espèce des chevaux, de leur âge, de leur tempérament; elle peut dépendre aussi de la saison, de l'heure du travail, & du degré de fatigue que les chevaux auront éprouvée.

Les ordinaires des chevaux voulant être formés avec

des attentions particulières; l'on aura soin de mettre ensemble ceux qui sont les plus lents à manger, d'ajouter quelquefois à la portion de ceux qui sont les plus maigres ou les plus avides, aux dépens de ceux qui s'entretiennent le mieux, d'augmenter aux uns la portion de l'avoine ou de la paille, & de leur diminuer celle du foin, mettre au blanc ceux qui sont échauffés ou malades, & les priver alors de leur avoine.

Ces différences & ces variations de régime, exigent donc une vigilance éclairée & continuelle : & elles ne permettent pas souvent une méthode constante & uniforme; mais cette méthode, avec ses variations & ses exceptions, n'en doit pas moins être fixée par le Commandant de la compagnie, & inscrite sur une feuille signée de lui, laquelle sera collée sur une planche, & attachée dans chaque écurie, pour que les Officiers & bas Officiers de semaine, puissent faire suivre exactement ce qui y sera prescrit, & veiller à ce que les gardes d'écurie s'y conforment.

Il reste encore beaucoup d'attentions de détail à avoir sur la nourriture des chevaux; telles sont celles de délier & de secouer soigneusement le foin avant de le leur distribuer; de bien vanner l'avoine, de donner aux chevaux dégoûtés peu de nourriture à la fois, d'empêcher que les chevaux ne la gaspillent & ne la mettent en litière, &c. aucune de ces attentions ne veut être négligée, & il doit en être fait mention dans les consignes d'écurie.

17.

A l'égard de la tenue des chevaux, elle doit être régulière & uniforme dans tous les régimens, & consister en ce qui suit :

Le poil des oreilles, des ganaches & des crinières, sera fait du 1.er au 4 de chaque mois;

Celui des jambes, tous les mois ou tous les deux mois, suivant l'espèce des chevaux, & du 25 au 30.

Les queues seront en même temps rafraîchies; pendant l'été, on les tiendra à quatre doigts au-dessous de la châtaigne.

Du mois d'Octobre au mois d'Avril, on les coupera un peu plus courtes, pour les mieux conserver :

Tous les chevaux seront marqués du numéro du régiment sur la fesse gauche :

Ils seront de plus désignés en arrivant, & dans leur signalement, d'un nom particulier.

On aura soin que dans la compagnie, & même dans le régiment, il n'y ait pas deux noms semblables.

Les chevaux des Officiers seront de même signalés & marqués du numéro du régiment, lesdits chevaux ne devant jamais être changés ni vendus qu'avec la permission du Commandant du régiment.

18.

La tenue des écuries influant aussi sur la santé des chevaux, on veillera soigneusement à ce que le crottin soit toujours balayé à fond; à ce qu'il ne séjourne jamais dans l'écurie ni urine, ni crottin ; à ce que le crottin & la paille mouillée par l'urine, soient enlevées à mesure, pour que la paille ne soit pas trop tôt convertie en fumier, & pour que la litière soit toujours conservée sèche, & aussi abondante qu'il est possible.

Cette conservation de la litière constamment entretenue sous les pieds des chevaux, est si précieuse pour eux, qu'on ne peut trop chercher à l'assurer par beaucoup de détails, auxquels il faut assujettir les gardes d'écurie ; ainsi il faut exiger d'eux qu'ils fassent la séparation du crottin & de la paille avec le rateau, qu'ils remettent soigneusement à la litière les bonnes parties de paille, qu'ils fassent sécher celles qui sont mouillées, devant la porte de l'écurie, pour les remettre ensuite à la litière; qu'ils mettent de même à la litière tous les liens de paille des bottes de foin, & tous les bouchons de paille dont ils se sont servis pour le pansage : telle doit être enfin l'économie de la paille & sa conservation pour l'appliquer à l'usage de la litière, que le fumier extrait des écuries, ne doit être que du pur crottin sans mélange de foin ni de paille, & que c'est à cela qu'on doit reconnoître la tenue intelligente des écuries d'une compagnie.

19.

Panfage des chevaux.

CHAQUE Brigadier ou Cavalier fera tenu de panfer tous les jours fon cheval, à moins qu'il ne foit incommodé, ou de fervice.

Les Maréchaux-des-logis devant être totalement livrés à leurs fonctions de furveillance, feront feuls exemptés de ce foin.

Les hommes qui auront des permiffions de travailler, foit en ville, foit à la campagne, foit aux ateliers du régiment, feront auffi exempts du panfage de leurs chevaux.

Il fera permis aux Cavaliers de panfer des chevaux étrangers, mais celui qui en panfera trois, outre le fien, fera réputé travailleur.

Il ne pourra être logé de chevaux étrangers dans les écuries du régiment, fans la permiffion du Commandant du Corps.

20.

Comment fait.

LE panfage des chevaux fe fera toujours dehors, quand le temps & l'emplacement le permettront ; ce dernier obftacle ne devra jamais avoir lieu, dans les caſernes, l'efpace devant être fuffifant, & les murs garnis des anneaux néceffaires.

Les Cavaliers fortiront les chevaux des écuries en bridon d'abreuvoir, & ils les attacheront par ledit bridon aux anneaux établis, la tête un peu haute.

Ils commenceront par les étriller avec douceur fur toutes les parties fenfibles, & enfuite avec force fur celles qui ne le font pas ; l'étrille ne fera jamais employée ni pour les jambes, ni pour les crinières ; on fe fervira pour

les

les unes & pour les autres, de bouchons de paille, de
la brosse & de l'époussette; les crinières seront retournées
& brossées.

Toutes les autres parties seront époussetées, bou-
chonnées & brossées en tout sens.

Les crins & les jambes seront épongés tous les jours,
& la queue, quand il en sera besoin.

Après le pansage, les Cavaliers visiteront soigneusement la ferrure & les ganaches, en présence des Officiers
de semaine.

Le pansage du matin doit, pour être fait avec soin,
durer au moins une heure.

2 1.

TOUS les samedis, au pansage du soir, les Maré- *Visite*
chauz-des-logis en chef feront eux-mêmes la visite *des chevaux.*
des ganaches de tous les chevaux de leur compagnie,
ils avertiront le Maréchal expert de tous ceux qui
pourroient être glandés, & rendront compte de cette
visite au Major du régiment; si un cheval venoit à jeter,
ils en avertiroient sur le champ le Maréchal expert &
le Major.

2 2.

ON mènera les chevaux à l'abreuvoir, le moins qu'il *Usage des auges*
sera possible, & on fera usage, par préférence, d'auges *préféré.*
ou de baquets.

2 3.

QUAND cela sera indispensable, les chevaux seront *Les chevaux,*
menés à l'abreuvoir par escadron, & deux à deux, chaque *comment menés*
Cavalier menant un cheval en main. *à l'abreuvoir.*

Le Maréchal-des-logis & le Brigadier de semaine, marcheront, l'un à la tête & l'autre à la queue, l'Officier
de semaine conduira le tout; on rentrera aux écuries
dans le même ordre, & les chevaux iront au pas, tant
en allant qu'en revenant.

*Défense
de les faire trotter
en hiver.*

24.

QUAND il y aura de la neige ou de la glace, les Cavaliers auront soin de mener les chevaux doucement, soit en sortant des écuries, soit en sortant du manège, & de ne point les faire troter sur la place du quartier, pour éviter le danger des écarts.

25.

*Portes & fenêtres
de l'écurie
ouvertes.*

LES portes & fenêtres des écuries seront toujours ouvertes, excepté dans les fortes gelées ou dans les très-grandes chaleurs, quand le soleil pourra y pénétrer.

26.

*Chevaux
bouchonnés.*

LES chevaux seront dessellés & bouchonnés en rentrant des exercices, les selles mouillées par la sueur, seront mises au soleil ou à l'air, les panneaux en dehors, pour les faire sécher, avant de les remettre à leurs places accoutumées.

L'Officier de semaine ne quittera point le quartier que tous ces soins n'aient été remplis.

27.

*Soins des Chefs
sur la tenue
des chevaux.*

SA MAJESTÉ ne peut trop recommander aux Commandans des régimens, Officiers supérieurs, Chefs d'escadron, & Capitaines, de mettre de l'importance à tous les soins qui peuvent mettre & maintenir les chevaux de sa Cavalerie en bon état, car le service, la force & la gloire de cette arme si précieuse, en dépendent.

TITRE VI.

Des Officiers & bas Officiers commandés journellement, tant pour la Police du quartier que pour celle des Compagnies & de la totalité du Régiment.

ARTICLE PREMIER.

IL sera commandé toutes les semaines dans chaque régiment, un Capitaine pour veiller à tout ce qui a rapport à la discipline, à la police & au service intérieur du régiment : ce Capitaine sera désigné sous le nom de Capitaine de police.

Les Capitaines de remplacement, une fois admis à l'escadron, d'après l'examen du Commandant du régiment, concourront à ce service avec les Capitaines en pied.

Le Capitaine, chargé de diriger en chef l'instruction du régiment, sera exempt de ce service.

2.

LE service du Capitaine de police commencera le Dimanche, immédiatement après que la garde aura défilé, & durera jusqu'au Dimanche suivant à la même heure : les deux Capitaines, dont l'un entrera de service, & l'autre en sortira, se trouveront à cet effet à la garde; & là, ce dernier communiquera à l'autre tout ce qu'il sera nécessaire qu'il connoisse de ce qui se sera passé, ou des ordres donnés pendant la durée de sa semaine, & de ce qu'il aura exécuté, ou fait exécuter en conséquence.

3.

L'ADJUDANT de semaine remettra, à la même heure, au nouveau Capitaine de police, une copie de l'ordre du jour, & une feuille du rapport journalier conforme à celle donnée au Commandant du régiment ; & il lui rendra compte de plus, tant d'après son livre d'ordre, que d'après la consigne qui lui aura été donnée par l'Adjudant de semaine qu'il aura relevé, de ceux des ordres les plus récens, dont l'exécution auroit encore besoin d'être suivie.

4.

Autorité du Capitaine de police.

LE Capitaine de police, indépendamment du commandement qu'il exercera dans le quartier du régiment, pour tout ce qui a rapport à la discipline & à l'exécution des ordres donnés, ou des règles établies, aura spécialement à ses ordres, les Officiers & bas Officiers de semaine des compagnies, l'Adjudant de semaine, la garde de police du quartier, & les gardes d'écurie ; rien ne pourra par conséquent se faire dans l'intérieur du quartier & des compagnies, par quelqu'ordre que ce soit, sans lui être communiqué, ou qu'il ne lui en soit rendu compte.

5.

Sa tenue.

LE Capitaine de police, sera, pour marque de service, en bottes, & dans la plus exacte tenue, comme s'il étoit sous les armes ; il ne pourra s'éloigner du quartier pendant la durée de son service, qu'en faisant connoître à l'Adjudant de semaine, & au bas Officier commandant la garde de police du quartier, dans quel lieu on pourra le trouver, à quelque heure que ce soit.

6.

Ses fonctions.

LE Capitaine de police assistera au service des écuries, matin & soir ; il sera présent à tous les exercices de détail, à tous les appels, à la soupe du matin & du soir, & il présidera à toutes les distributions.

S'il y a des punitions à infliger aux Cavaliers, ce sera devant lui qu'elles seront mises à exécution.

Il assemblera la garde, en fera l'inspection, fera, dans les vingt-quatre heures, une visite ou plusieurs, des postes du régiment, visitera de même, une fois ou plusieurs,

suivant

suivant l'exigence du cas, l'hôpital du régiment ; enfin, soit de jour ou de nuit, il veillera à tout ce qui a rapport au service, à la police & à la discipline du régiment, & il en sera responsable.

7.

LE Capitaine de police rendra compte, de vive voix ou par écrit, de tout ce qui se passera dans le quartier ou dans le régiment, au Major en second ; & dans les cas pressés, au Commandant du régiment directement.

Comptes qu'il aura à rendre.

8.

IL y aura dans chaque compagnie, excepté dans le temps des semestres, un Officier de semaine, chargé spécialement de surveiller tous les détails de police, discipline & service intérieur de la compagnie ; cet Officier entrera en fonctions le Dimanche de chaque semaine, à l'heure de la garde, & sera relevé le Dimanche suivant, à la même heure.

Officier de semaine.

Le Lieutenant, le Sous-lieutenant & l'Officier surnuméraire ou le Porte-étendard attaché à chaque compagnie, ainsi que le Sous-lieutenant de remplacement que le Commandant du régiment aura, après l'avoir examiné, admis à faire le service, & attaché en conséquence à une compagnie, rouleront ensemble à cet effet.

Si le Commandant du régiment a toutefois jugé à propos d'assigner au Lieutenant surnuméraire ou au Porte-étendard, des détails particuliers, il pourra, à ce titre, le dispenser du service de semaine.

Pendant la durée des semestres, ce service roulera sur l'escadron.

9.

L'OFFICIER de semaine s'attachera, par sa vigilance, à prévenir ou à connoître toutes les fautes ou négligences qui pourroient se commettre dans l'intérieur de sa compagnie.

Ses fonctions.

Il y surveillera tous les détails du service, de la police

K

& de la discipline, ainsi qu'ils sont fixés par le présent Règlement, & il sera responsable de leur exécution, tant envers le Capitaine de police du régiment, aux ordres duquel il sera, qu'envers le Capitaine de sa compagnie, son Chef d'escadron, & les Officiers supérieurs du régiment.

10.

Son assiduité au quartier, & sa tenue.

L'OFFICIER de semaine répondant de tous les détails, sera par conséquent assujetti à être présent à tout ce qui s'exécutera dans sa compagnie, de relatif au service, & le moindre défaut d'assiduité à cet égard, sera puni.

Lorsqu'il ne sera pas au quartier, il sera tenu d'informer le bas Officier de semaine de la compagnie, & le bas Officier commandant la garde de police, du lieu où on pourra le trouver.

Il sera d'ailleurs toute la semaine en bottes, & en état de tenue de service, à l'exception du pansage du matin, auquel il pourra assister en petite tenue.

11.

Sera remplacé en cas d'empêchement.

SI l'Officier de semaine tombe malade, ou est commandé pour un autre service, il en sera prévenir le Capitaine ou Commandant de la compagnie, qui le fera remplacer par un autre, de manière que les fonctions qui lui sont confiées, ne puissent jamais manquer d'être remplies.

12.

Devoirs des Officiers des compagnies

QUOIQUE l'Officier de semaine soit spécialement chargé de la surveillance de la compagnie ou de l'escadron, les Commandans des régimens ne permettront point que les Officiers des compagnies se dispensent pour cela de remplir les fonctions de leur grade dans leurs subdivisions.

13.

Maréchaux-des-logis & Brigadiers de semaine.

IL y aura toujours dans chaque escadron, un Maréchal-des-logis & un Brigadier de semaine; la compagnie qui fournira l'un, ne fournissant pas l'autre, ils seront à cet effet nommés le samedi de chaque semaine, par le Commandant d'escadron, qui fera tenir leur tour de service en conséquence.

Ils feront chargés de veiller à la police & à la discipline du quartier & de la compagnie, sous les Officiers de semaine; ils ne pourront s'en absenter que pour raison de service, auquel cas ils feront remplacés.

Le Maréchal-des-logis & le Brigadier de semaine, porteront toujours le sabre, pour marque distinctive de leur service.

14.

IL y aura toujours au quartier une garde de police; sa force sera proportionnée aux circonstances & à la volonté du Commandant du régiment : cette garde ne sera point partie du service de la place, & ne défilera point à la parade, à moins que cette parade ne soit particulière au régiment.

Garde de police au quartier.

15.

L'OFFICIER ou bas Officier commandant la garde de police du régiment, sera responsable de l'ordre & de la tranquillité du quartier, ainsi que de l'exécution des différens signaux ordonnés pour la police ou pour le service intérieur; il veillera pareillement à ce qu'aucun Cavalier ne sorte du quartier sans être dans la tenue prescrite, ainsi qu'à l'observation de tout ce que le présent règlement confie à sa surveillance.

Fonctions du Commandant de la garde de police.

16.

LORSQU'UN régiment sera séparé, chacune des parties qui le composent, se conformera autant qu'il sera possible aux intentions expliquées ci-dessus, de manière qu'une surveillance relative y assure également l'exécution de tous les détails ordonnés.

Mêmes règles observées par les détachemens.

TITRE VII.

De l'ordre journalier & habituel de Service, de Police & de Discipline.

ARTICLE PREMIER.

Uniformité dans la discipline.
LA plus parfaite uniformité régnera dans tous les régimens de Troupes à cheval de Sa Majesté, pour tout ce qui a rapport au service intérieur & à la police : en conséquence tous les détails ci-après prescrits, y auront leur exécution de la même manière, aux mêmes signaux & aux mêmes heures, en sorte qu'en passant d'un régiment & d'un quartier à l'autre, on sente qu'il n'y a pour tous, qu'une même loi & une même discipline.

2.

Trompette de service.
IL y aura journellement dans chaque régiment, ou même dans chaque quartier, quand le régiment sera séparé, un Trompette de service : ce Trompette sera attaché à la garde de police, sans être obligé de passer la nuit au corps-de-garde ; il ne pourra jamais s'éloigner du quartier, & le Commandant de ladite garde saura toujours où il peut le trouver, soit de jour ou de nuit, tant pour faire les signaux ordinaires & prescrits ci-après, que ceux qui pourroient être ordonnés extraordinairement, & pour quelque circonstance imprévue.

3.

Appel du matin.
LE Trompette de service sonnera tous les jours un appel à six heures du matin, depuis le 1.er Octobre jusqu'au 1.er Avril, & pendant les autres six mois de l'année, à cinq heures.

4

Déjeûner des chevaux.
A cette sonnerie les bas Officiers & Brigadiers de semaine & un Cavalier par ordinaire, se rendront aux écuries.

Ces

Ces derniers aideront les gardes d'écurie à donner aux chevaux, la portion prescrite pour leur déjeûner, à relever la bonne litière, à sortir le fumier & à balayer les écuries.

5.

A sept heures en hiver, & à six en été, le Trompette de service sonnera un second appel.

A cette sonnerie, les Brigadiers feront lever & habiller les Cavaliers de leurs chambrées, en tenue d'écurie, & ils en feront en même temps l'appel. On fera les lits avant d'aller aux écuries.

Second appel.

6.

Tous les appels en chambre se feront toujours nominativement à haute voix, & chaque homme se placera à cet effet au pied de son lit, vers le côté du lit qu'il occupe.

Comment fait.

7.

Les Brigadiers ayant fait l'appel de leurs chambrées, feront sortir les hommes qui les composent.

Le Maréchal-des-logis de semaine fera former alors toutes les escouades sur deux rangs, & vérifiera l'appel des Brigadiers en présence de l'Officier de semaine, qui sera tenu de se trouver au quartier, au signal de la première sonnerie.

Vérification de l'appel.

8.

Les appels particuliers étant vérifiés, & chaque Officier de semaine ayant rendu compte au Capitaine de police, lequel doit aussi se trouver au quartier à la première sonnerie; celui-ci ordonnera qu'on se rende tout de suite, & en ordre aux écuries.

Compte à rendre au Capitaine de police.

9.

Aussitôt après, le Trompette de police sonnera un demi-appel, qui servira de signal au pansage des chevaux.

Appel pour le pansage des chevaux.

Ce panfage fe fera, conformément à ce qui a été prefcrit au *Titre IV.*

10.

IMMÉDIATEMENT après le panfage, le Maréchal-des-logis appellera à l'avoine, & la diftribuera aux Cavaliers par ordinaire, & aux Gardes d'écurie, en préfence de l'Officier ou bas Officier de femaine.

L'avoine fera toujours dans un coffre fermé à clef avec différentes mefures, vérifiées & poinçonnées; elle ne fera jamais diftribuée que dans la forme ci-deffus prefcrite.

11.

PENDANT que l'avoine fe diftribuera, le Trompette de fervice fonnera un appel qui fervira de fignal pour faire boire les chevaux.

Soit qu'on faffe boire les chevaux au baquet, foit qu'on les conduife à l'abreuvoir, cela fe paffera, ainfi qu'il eft prefcrit au Titre précédent.

12.

APRÈS que les chevaux auront bu, on leur donnera l'avoine à tous en même temps. Les Officiers & bas Officiers de femaine refteront aux écuries pendant tout le temps qu'ils la mangeront, & un Cavalier par ordinaire, reftera dans les intervalles, pour veiller les chevaux & prévenir les accidens.

13.

EN rentrant dans les chambres, les Brigadiers les feront foigneufement balayer, & mettre les chambres & tous les effets dans l'état de propreté & d'arrangement prefcrit.

Les fenêtres feront toujours ouvertes, pour faire renouveler l'air, tandis qu'on fera aux écuries.

14.

Pendant ce temps, le Commandant de la garde de police, fera balayer par les hommes detenus aux falles de difcipline, par les confignés, ou par des Cavaliers de corvée, s'il n'y a point d'hommes aux falles de difcipline ou confignés, le devant du quartier & les corridors, efcaliers & autres parties du quartier, dont les compagnies ne font pas fpécialement chargées.

Corridors & efcaliers balayés.

15.

Les Cavaliers qui font de fervice, fe difpoferont enfuite de tout point, comme ils doivent l'être; ceux qui n'en feront pas, & qui ne voudront pas fortir, feront néanmoins tenus de fe peigner, de fe layer le vifage, les mains & les oreilles; ceux qui voudront fortir du quartier, fe mettront dans l'état de tenue qui aura été preferit par le Commandant du régiment.

Cavaliers mis à la tenue.

16.

Dans l'intervalle de l'heure à laquelle les Cavaliers feront rentrés des écuries, jufqu'à celle fixée ci-après pour la foupe, les Officiers de femaine iront rendre compte à leur Capitaine, de ce qui fe fera paffé au quartier, tant au panfage des chevaux que la nuit, & enfin de ce qu'il y aura de nouveau dans la compagnie.

Ce fera dans le même intervalle, & conformément au dernier Titre du préfent Règlement, que fe feront tous les rapports particuliers des compagnies, lefquels devront fervir à la formation du rapport général deftiné au Commandant du régiment.

Comptes à rendre par les Officiers de femaine.

17.

Ce fera auffi dans le même temps, & conformément au même Titre, que le Capitaine de police ira rendre compte au Commandant du régiment, de ce qui fe fera

Idem par le Capitaine de police.

passé au régiment ou au quartier, dans la nuit & depuis le matin.

S'il y a eu des Officiers & bas Officiers de semaine qui n'aient pas été exacts à leur service, il lui en rendra compte, ainsi que des punitions qu'il aura dû ordonner en conséquence.

18.

*Visites
des chambres.*

LES Officiers de semaine seront de retour au quartier, un quart-d'heure avant la soupe.

Ils s'y occuperont, sur le champ, de la visite des chambres, pour voir si tout y est conforme aux régles établies; ils verront si les hommes de garde ou de service, tant à pied qu'à cheval, travaillent à se mettre dans l'état prescrit.

19.

Appel de la soupe.

A dix heures, le Trompette de service sonnera un appel : à cet appel, les Cavaliers mangeront la soupe. Les Officiers de semaine s'y trouveront, & ils prendront alors connoissance de tout ce qui compose la nourriture du Cavalier, du poids & de la qualité des denrées, des détails d'économie & d'intelligence dans ce genre de chaque Chef d'ordinaire, pour se mettre en état de rendre compte de tous les abus, ou de toutes les négligences qu'ils jugeront contraires aux intérêts ou à la santé des Cavaliers.

20.

*Cavaliers
tenus de se rendre
à l'appel
de la soupe.*

AUCUN Cavalier ne pourra se dispenser de manger à la chambre, & de s'y trouver régulièrement aux heures de la soupe, même quand il ne voudroit pas manger; on exceptera de cette règle ceux des travailleurs qui, pour leur avantage ou par la nature de leur travail, seront dans le cas de manger en ville; mais dans ce cas il leur sera donné une permission particulière par le Commandant de la compagnie.

21. L'OFFICIER

21.

L'Officier de semaine veillera à ce que le pain soit mis ensemble & mangé en commun, cette méthode étant plus économique & plus profitable aux jeunes Cavaliers & plus avantageuse à tous, en ce que les pains ne s'entamant que successivement, ils se conservent mieux, & enfin plus conforme à l'esprit de fraternité & d'union qui doit régner dans une chambrée. *Pain mis en commun.*

Les Brigadiers & anciens Cavaliers, veilleront à ce qu'aucun Cavalier n'emporte du pain hors du quartier.

Il n'y aura que les travailleurs qui mangeront leur pain séparément, attendu que la fatigue du travail devant occasionner une plus grande consommation, il ne seroit pas juste qu'elle se fît aux dépens de leurs camarades, & que d'ailleurs ils peuvent avoir besoin de porter leur pain à leur travail.

22.

Les travailleurs qui viendront manger la soupe & qui ne feront pas la corvée de l'ordinaire, mettront six deniers par jour à l'ordinaire pour en tenir lieu. *Travailleurs dispensés des corvées de l'ordinaire.*

Ceux pour lesquels on mettra la soupe à part, payeront un sou à l'ordinaire.

23.

Le Capitaine de police se trouvera au quartier à l'heure de la soupe, pour veiller à ce que les Officiers de semaine y remplissent ce qui leur est ordonné, & il entrera dans plusieurs chambrées au hasard, pour s'assurer de l'exécution de ce qui est prescrit. *Le Capitaine de police surveillera les Officiers de semaine.*

24.

Les régimens qui sont dans l'usage de ne manger la soupe qu'une fois par jour, continueront de la manger à l'heure accoutumée, sans que cela change rien d'ailleurs à aucun des détails de police & de discipline prescrits dans le présent Titre. *Soupe mangée une fois par jour.*

M

Inspection des hommes de service par le Maréchal-des-logis.

25.

IMMÉDIATEMENT après la soupe, les Maréchaux-des-logis & les Brigadiers, s'occuperont chacun dans les chambrées de leur escouade, de l'inspection particulière des hommes de service, pour se mettre en état d'en répondre à l'Officier de semaine.

26.

Appel des hommes de service.

UNE demi-heure après la soupe, les inspections préliminaires des bas Officiers devant être achevées, le Capitaine de police ordonnera au Trompette de sonner un appel.

27.

Inspection des hommes de service par les Officiers de semaine.

L'OFFICIER de semaine assemblera alors les hommes de la compagnie destinés à être de service, & il en fera l'inspection ; dans cette inspection il rendra les bas Officiers & Brigadiers responsables de tout ce qui manquera aux hommes de leur subdivision ou escouade.

L'Adjudant rassemblera ensuite ceux de toutes les compagnies, & le Capitaine de police en fera une nouvelle inspection.

Dans cette inspection, les Officiers de semaine se placeront à la droite des Cavaliers de leur compagnie, & ils répondront au Capitaine de police de tout ce qui pourroit leur manquer.

L'Adjudant assemblera ensuite les postes & les formera par rang de taille ; les Officiers du régiment destinés à monter la garde, seront tenus de se trouver au quartier à l'heure de l'inspection du Capitaine de police, & ils recevront leur garde des mains de l'Adjudant.

28.

Officier supérieur présent.

UN Officier supérieur du régiment, se trouvera, autant qu'il sera possible, à l'inspection particulière de la garde du régiment, & il rendra le Capitaine de police responsable à son tour, de tout ce qui ne seroit pas en règle & qu'il n'auroit pas puni.

Il sera ensuite exercer ou manœuvrer la garde, suivant & ainsi que la force de cette garde le permettra, en faisant commander, soit le Capitaine de police, soit l'Officier ou le bas Officier commandant la garde.

29.

Si la garde doit défiler à la parade de la garnison, elle y sera conduite par le Capitaine de police, qui mettra le sabre à la main, si elle est de quelque force; & si elle est composée de peu d'hommes, elle sera simplement conduite par l'Officier ou bas Officier qui la commandera; mais dans tous les cas, le Capitaine de police, les Officiers de semaine de toutes les compagnies qui fourniront des hommes à ladite garde, & l'Adjudant de semaine, l'accompagneront jusqu'à la parade.

Garde conduite à la parade de la garnison.

30.

L'ORDRE & les rapports des vingt-quatre heures auront lieu à la parade générale, ce premier ainsi qu'il sera dit au *Titre de l'Ordre*, dans l'Ordonnance du service des Places; & les rapports, conformément à ce qui sera dit au *Titre XV*.

Ordre & rapports.

31.

LE régiment étant seul dans une garnison ou quartier, ou si, se trouvant avec plusieurs autres régimens, le Commandant de la place a ordonné qu'il n'y auroit point de parade générale, la parade particulière n'en aura pas moins lieu avec la même règle & la même exactitude, ainsi qu'il suit:

Parade particulière.

32.

DANS les provinces du nord du royaume, un peu avant midi, & dans les provinces méridionales, à l'heure que le climat & la saison seront indiquer par le Commandant de la province, ou à son défaut par celui de la place ou du régiment, la garde se trouvera formée sur la place d'où elle doit défiler, ayant en face d'elle un bas

L'heure & la forme de la parade particulière.

Officier & un Brigadier d'ordre par escadron à la tête desquels sera un Adjudant ; le plus ancien Maréchal-des-logis en chef tiendra le livre d'ordre.

A la droite des bas Officiers d'ordre & vis-à-vis la garde, les Officiers seront formés sur deux rangs, le premier composé des Capitaines & le second des Lieutenans, Sous-lieutenans & Porte-étendards ou Guidons, ayant à quatre pas en avant d'eux les Officiers supérieurs.

33.

Le Commandant du régiment fera défiler la garde.

LE Commandant du régiment fera l'inspection de la garde, s'il ne l'a déjà faite, & la fera défiler, soit à son commandement, soit à celui de tel Officier supérieur qu'il désignera, ou du Capitaine de police, lequel sera placé à six pas à la droite & en avant de la garde, le sabre à la main.

Immédiatement après la garde, on fera les rapports & on formera les demandes, on donnera & on rendra l'ordre, ensuite l'Adjudant reformera les rangs des bas Officiers, & les ramènera en règle au quartier, si l'ordre n'y a pas été donné.

34.

Devoirs des Cavaliers après la descente de la garde.

LES Cavaliers qui descendent la garde, s'occuperont à leur retour à la chambre, à remettre en ordre ou en état toutes les parties de leur habillement, équipement & armement, ainsi que de leur harnachement, si leur service a été à cheval ; ils déchargeront leurs armes, & rendront les cartouches au Maréchal-des-logis en chef ; enfin ils seront prêts à subir une inspection quelques heures après, si on le jugeoit à propos.

35.

Appel pour le dîner des chevaux.

A midi, un appel servira de signal, pour donner à dîner aux chevaux ; un Cavalier par ordinaire & les bas Officiers de semaine, se rendront à cet effet aux écuries.

On y donnera en même temps un coup de balai.

36.

A trois heures après midi, le Trompette sonnera un appel, les compagnies se formeront sur deux rangs, & l'appel se fera en présence de l'Officier de semaine, ensuite celui-ci fera former un cercle à la compagnie, & donnera l'ordre ; le Maréchal-des-logis en chef lira l'ordre à haute & intelligible voix d'après son livre, il expliquera avec netteté tout ce que les Cavaliers paroîtront ne pas entendre, commandera le service, les corvées, les hommes qui devront se trouver aux différentes instructions, &c.

Dans le cas où l'ordre de la veille renfermeroit des objets dont les Cavaliers devroient être prévenus, il sera relû de même, pour l'instruction des hommes, qui, la veille, auroient été de garde ou absens.

Les Cavaliers écouteront l'ordre en silence, & la main gauche portée au bonnet ou au chapeau ; l'Officier de semaine fera ensuite rompre le cercle par un demi-tour à droite.

37.

QUOIQUE l'heure de l'ordre soit fixée à trois heures, parce que la compagnie se trouve dans ce moment obligée de se rassembler, cependant, si à l'ordre de la parade, il y avoit eu quelque chose de plus instant à communiquer aux Cavaliers, les bas Officiers d'ordre leur en feroient la lecture immédiatement après la garde & leur retour au quartier, sans attendre l'heure accoutumée.

38.

APRÈS l'ordre donné, les Cavaliers se rendront aux écuries pour y faire le pansage de l'après-midi, dans la même forme que celui du matin, à cela près, que le pansage du soir ne durera que trois quarts d'heure.

39.

A quatre heures, on sonnera pour faire boire les chevaux.

Pendant que les chevaux boiront, on fera la litière ;

N

l'avoine sera distribuée & donnée aux chevaux comme le matin, les Officiers de semaine restant de même aux écuries, jusqu'à ce qu'elle soit mangée.

40.

Soupe du soir.

APRÈS le service des écuries, les Cavaliers retourneront dans leurs chambres, & mangeront la soupe; les Officiers de semaine y assisteront pareillement.

On enverra la soupe aux hommes de garde par les Cuisiniers, qui alors quitteront leur pantalon; ils porteront aux mêmes hommes leurs bonnets de police & manteaux pour la nuit, s'ils ne les ont pas avec eux.

41.

Officiers présens au service du soir.

LE Capitaine de service se trouvera aux écuries pour le service du soir, & il répondra de tout ce qui s'y passera, ainsi que de l'exactitude des Officiers de semaine.

Les Adjudans s'y trouveront également, & rendront directement au Major compte de ce qui s'y sera passé; par le moyen de ce double rapport, le Commandant du régiment pourra s'assurer de la certitude des comptes qui lui auront été rendus par la gradation établie.

42.

Souper des chevaux.

A huit heures en été, & à six en hiver, on donnera à souper aux chevaux; les gardes d'écuries & Cavaliers détachés par ordinaires, balaieront en même temps le crottin, & secoueront la litière en l'égalisant.

43.

Retraite.

TOUS les soirs à l'heure ordonnée, tous les Trompettes du régiment se rendront sur la place d'armes, si c'est dans une garnison; & si c'est en quartier, devant le corps-de-garde de police; ils y seront conduits en ordre par le

Trompette-major, & y sonneront ensemble la retraite: ils iront ensuite la sonner dans le quartier de leur régiment ou de leur compagnie, si les compagnies occupent des logemens séparés.

44

Appel du soir.

UNE demi-heure après la retraite, il sera sonné un appel par le Trompette de police; à ce signal, tous les Cavaliers sortiront du quartier en tenue d'écurie; ils se formeront sur deux rangs, les bas Officiers à leur place de bataille, l'Officier & le Maréchal-des-logis de semaine faisant face à la Troupe, l'appel se fera alors nominativement & à haute voix.

Si le temps ne permet pas de sortir, il se fera dans les corridors; & enfin au défaut d'espace dans les corridors, il se fera dans les chambres.

45.

Quartier fermé.

APRÈS l'appel, le quartier se fermera, s'il peut être fermé; sinon, les sentinelles & la garde de police redoubleront de vigilance pour ne laisser sortir personne.

46.

Forme des appels & rapports.

LES appels & rapports se feront & se rendront conformément à ce qui est dit aux *Titres XIII & XV* du présent règlement.

Lorsque le régiment sera en garnison dans une place de guerre, on se conformera de plus pour les comptes d'appels à rendre, à ce qui est, ou sera prescrit dans l'Ordonnance du service des places.

47.

Coucher des Cavaliers.

LES Brigadiers veilleront à ce que tous les Cavaliers couchent avec un bonnet, qui ne sera jamais le bonnet de police; ils veilleront aussi à ce qu'ils défassent tous les soirs leur queue.

48.

Les bas Officiers de semaine feront éteindre les feux & chandelles dans toutes les chambres à l'heure preſcrite par le Commandant du régiment, & ils ne ſe coucheront qu'après.

49.

Une heure après la retraite, le Capitaine de police fera la viſite des écuries & des corridors du quartier.

Pendant la nuit, le bas Officier commandant la garde de police, fera à diverſes heures de pareilles viſites, pour s'aſſurer ſi tout eſt tranquille & dans l'ordre; il viſitera auſſi les écuries pour voir s'il y a de la lumière allumée, ſi les gardes d'écurie ſont vigilans : il ſera accompagné dans ces viſites par deux Cavaliers de ſa garde, pour pouvoir arrêter tous les contrevenans à l'ordre établi.

Le Brigadier de garde au quartier fera tous les jours ſon rapport au Capitaine de police, des viſites qui auront été faites pendant la nuit précédente, & de ce qui aura pu ſe paſſer de contraire au bon ordre, à la police & à la diſcipline.

50.

A moins de circonſtances extraordinaires, il n'y aura le Samedi ni exercice, ni manœuvre, ce jour devant être employé ſpécialement aux travaux de propreté & de tenue.

On lavera ce jour-là les bancs & les tables, on arroſera & balayera les chambres ainſi que les corridors & les eſcaliers; on battra les couvertes, ſi le temps le permet, en obſervant de n'y employer que des houſſines ou martinets, & jamais de bâtons, ni d'autres inſtrumens qui puiſſent les déchirer; on battra auſſi de temps à autre les matelas pour leur faire prendre l'air ; on changera la paille des paillaſſes, & les draps ; ſi c'eſt l'époque preſcrite pour le renouvellement de ces fournitures ; enfin les Cavaliers

s'occuperont

s'occuperont de tout ce qui est relatif à la tenue de leurs effets d'armement, d'habillement, d'équipement & d'harnachement.

TITRE VII.

§. I.

TOUS les Dimanches, une demi-heure après le service des écuries, les Officiers de chaque compagnie se rendront chez leur Capitaine, pour aller de-là avec lui faire une visite au Chef d'escadron; les Chefs d'escadron, à la tête des Officiers de leur escadron, se rendront chez le Commandant du régiment, où se trouveront tous les Officiers supérieurs.

§. 2.

LE Commandant du régiment se fera, quand il le jugera à propos, présenter, à cette visite, les différens registres de compagnie, ainsi que les livres ou livrets des Capitaines, Officiers ou bas Officiers, pour s'assurer si les formes établies à cet égard, sont régulièrement suivies; & il donnera, pendant la durée de cette visite, les instructions verbales qu'il jugera utiles au bien du service.

§. 3.

LES Officiers, après la visite faite au Commandant du régiment, se sépareront pour se rendre au quartier du régiment, ou aux logemens séparés de leur compagnie.

§. 4.

TOUS les Dimanches matin, le Commandant du régiment fera une inspection générale du régiment, qui paroîtra, à cette inspection, en grande ou en petite tenue, selon que le Commandant le jugera à propos.

Lorsque le Commandant du régiment croira nécessaire, de s'assurer de la partie de la tenue relative à l'équipement du cheval, il ordonnera que les compagnies paroissent, à cheval, à cette inspection; il pourra quelquefois aussi ordonner qu'elles y paroissent chargées, afin

O

de connoître si le paquetage, cet objet si essentiel dans la Cavalerie, est régulièrement & adroitement fait.

55

LORSQUE le régiment ne sera pas caserné, chaque compagnie s'assemblera dans l'emplacement que le Commandant du régiment aura désigné une fois pour toutes, pour chaque compagnie; & là, après avoir été préalablement inspectée par le Capitaine, elle sera conduite par lui au lieu du rendez-vous général indiqué pour l'inspection du Commandant du régiment.

Quand il sera mauvais temps, l'inspection du Dimanche se fera dans les hangars, s'il y en a; & au défaut de hangars, dans les corridors, ou enfin dans les chambres.

56.

LES Officiers se trouveront, à cette inspection, dans le même genre de tenue qui aura été ordonnée pour les Cavaliers.

57.

LES jours de Fêtes & Dimanches, on sonnera la Messe à l'heure ordonnée par le Commandant du régiment.

Les compagnies s'assembleront, & se rendront ensemble à l'église, marchant par le flanc & par trois; les compagnies seront conduites par les Officiers de semaine, qui marcheront en dehors du flanc droit.

Les Trompettes seront à la tête du régiment.

Si la messe se dit avant la parade, la garde montante marchera après les Trompettes, & précédera les compagnies.

Le Capitaine de police sera présent & conduira le tout.

Les compagnies se partageront dans la nef de l'église, en se plaçant à la droite & à la gauche, & restant formées par le flanc, de manière que le milieu de l'église soit libre.

Les Trompettes seront ensemble en avant des deux premières compagnies.

La garde du jour sera placée entre les Trompettes & la première compagnie; elle gardera ses rangs & ses armes.

Il sera tiré de cette garde, trois hommes choisis, qui seront posés, un de chaque côté de l'autel, & un en face.

La garde, ainsi que ces trois hommes, seront reposés sur les armes jusqu'au moment de l'élévation. Alors le Commandant de la garde commandera, à voix basse, de porter les armes, de les présenter & de mettre le genou droit en terre; ces mouvemens seront exécutés ainsi qu'il est prescrit dans l'Ordonnance de l'Exercice.

Pendant l'élévation, les Trompettes sonneront la *marche*.

Après l'élévation, le Commandant de la garde commandera de se relever, de porter les armes, & de se reposer sur les armes.

Les trois hommes placés à l'autel, exécuteront les mêmes mouvemens que la garde.

Pendant la Messe, les Trompettes ou la musique ne sonneront ou ne joueront que des marches ou autres airs d'un genre grave & analogue à la sainteté du lieu.

Le Capitaine de police & les Officiers de semaine, seront responsables que les Cavaliers observent la décence convenable pendant le service Divin; les Officiers du régiment qui seront placés dans le chœur de l'église, en donneront eux-mêmes l'exemple.

Quand la Messe sera finie, la garde sortira la première pour se rendre, soit au lieu où elle doit défiler, soit à ses postes, s'il n'y a point de parade.

Les compagnies sortiront ensuite dans le même ordre qu'elles sont entrées; après la sortie, elles se sépareront, chacun s'en allant à volonté.

58.

Tous les premiers Dimanches de chaque mois, les Commandans des compagnies seront lire, dans les compagnies, les Ordonnances du Roi, concernant les crimes & délits, indépendamment de la lecture particulière qu'ils devront en faire faire à tous les hommes de recrue, jufqu'à ce que lefdits hommes en aient une connoiffance fuffifante.

Outre ces lectures, il fera affiché dans toutes les chambrées, un extrait imprimé defdites Ordonnances.

59.

Vifite du linge & chauffure tous les deux mois.

IL fera fait, tous les deux mois, par chaque Commandant de compagnie, au jour indiqué par le Chef d'efcadron qui y fera préfent, une vifite générale du linge des Cavaliers, & de tous les effets de petite monture & d'équipement. Le Chef d'efcadron vérifiera, à chacune de ces vifites, les livres du Capitaine, relativement à cet objet, en les confrontant avec le livret de chaque Cavalier; & après les avoir vérifiés & mis en règle, il les vifera.

60.

Même vifite tous les quatre mois.

LA même vifite fera faite par le Commandant du régiment, tous les quatre mois, à l'époque du décompte, & avant qu'il ne foit arrêté.

Quand le Colonel du régiment n'aura pas été préfent aux époques des décomptes, il fera tenu de faire extraordinairement une vifite dans le mois de fon arrivée, & une autre dans le mois de fon départ, afin de connoître l'état dans lequel il aura trouvé & laiffé le régiment fur cet important objet.

61.

Travailleurs & diftributions.

ON fe conformera, pour les travailleurs & pour les diftributions, aux Titres qui les concernent.

62.

Motifs d'exemption de fervice pour caufe d'infirmité, vérifiés.

AUCUN bas Officier ni Cavalier ne fera exempt d'exercice ou de fervice, pour raifon d'infirmité, fans un certificat du Chirurgien-major, vifé par le Commandant de la compagnie, & approuvé par le Commandant du régiment qui en fera tenir un état; mais il fera enjoint au Chirurgien-major de ne donner ce certificat qu'après

le

le plus scrupuleux examen, pour éviter les surprises qui pourroient être faites par des hommes paresseux ou de mauvaise volonté, qui, dans ce cas, seroient sévèrement punis.

63.

Visite des malades.

AUCUN Cavalier ne pourra rester au lit, pour cause ou sous prétexte d'indisposition, plus d'une demi-journée, sans que le Chirurgien-major n'en soit averti, pour venir le visiter, & décider s'il est dans le cas d'être envoyé à l'hôpital ou de pouvoir être guéri aux casernes, par de petits remèdes ou par un traitement particulier.

64.

Chirurgien-major averti.

A cet effet, le Maréchal-des-logis ou Brigadier de semaine, enverra par écrit, après l'appel du matin, au Maréchal-des-logis ou Brigadier de la garde de police, le nom du Cavalier de sa compagnie, qui pourroit se trouver incommodé, avec le numéro de la chambre, & le Chirurgien-major qui sera tenu de faire tous les matins, de bonne heure, une visite du quartier, passera au corps-de-garde pour rassembler ces rapports, & aller en conséquence voir les malades.

Pour qu'on puisse, au surplus, trouver le Chirurgien-major en tout temps, sa demeure sera sur l'état du logement général du régiment, qui sera affiché dans le corps-de-garde de police du quartier.

65.

Convalescens dispensés de service.

TOUT bas Officier ou Cavalier, qui, en sortant de l'hôpital, ne paroîtra pas parfaitement rétabli, ne sera commandé pour aucun service, qu'il n'ait repris ses forces; les Commandans des compagnies les feront présenter à cet effet auparavant au Chirurgien-major, qui en décidera.

66.

Malades à la salle

AUCUN homme détenu à la salle de discipline ou

en prison, ne pourra être envoyé à l'hôpital, qu'après avoir été visité par le Chirurgien-major; & le Maréchal-des-logis ou Brigadier de police sera en conséquence, quand il se trouvera des hommes dans ce cas, avertir le Chirurgien-major pour qu'il aille les visiter.

67.

*Cavaliers
à l'hôpital,
à la salle
de discipline
&
en prison, rasés.*

ON veillera à ce que les Cavaliers qui seront à l'hôpital du régiment & que leur maladie en rendra susceptibles, ainsi que les hommes détenus aux salles de discipline ou en prison, soient rasés, au moins une fois par semaine : l'Adjudant de semaine veillera à l'exécution de cet article.

68.

*Devoirs
du
Chirurgien-major.*

LA nouvelle Ordonnance que Sa Majesté rendra incessamment sur les hôpitaux, détaillera au surplus, d'une manière précise, les devoirs journaliers du Chirurgien-major.

69.

*Propreté
des Cavaliers.*

LA propreté des Cavaliers étant un moyen de santé, les Officiers & bas Officiers de semaine veilleront à ce qu'ils se lavent souvent les jambes & les pieds.

70.

*Les Cavaliers
se baigneront
souvent.*

ON les fera de plus baigner dans la saison, mais ce sera toujours en ordre, les endroits seront reconnus, pour éviter les accidens, & les Cavaliers y seront conduits par un ou plusieurs Officiers & bas Officiers de semaine, suivant le nombre.

Il leur sera défendu, sous tel prétexte que ce soit, de se baigner en particulier.

71.

Propreté du linge.

LES Officiers & bas Officiers des compagnies, veilleront à ce que les Cavaliers changent de linge au moins une fois par semaine.

72.

Les Blanchisseurs ne prendront le linge du Cavalier, & ne le leur rendront qu'à des jours fixés, autant qu'il sera possible, & toujours en présence d'un bas Officier ou d'un Brigadier, sous peine de n'être point payés du blanchissage du linge qu'ils auroient reçu ou rendu sans cette formalité, & de punition plus grave, si, en manquant à cette règle, ils avoient favorisé la désertion d'un Cavalier avec son linge.

Blanchissage du linge.

73.

La police des prisons ou salles de discipline aura lieu, conformément à ce qui sera dit au Titre *des Punitions.*

Police des prisons & salles de discipline.

74.

Lorsque les régimens seront route dans le Royaume, soit en totalité ou en partie, ils se conformeront dans tout ce qui pourroit avoir rapport à cette circonstance, au Règlement que Sa Majesté se propose de rendre, concernant *les étapes, ou supplémens de solde pour en tenir lieu, les moyens de transport, ainsi que l'ordre, police & discipline à observer par les Troupes dans les marches.*

Régimens en route.

TITRE VIII.

De la tenue du Régiment.

Nota. On n'indique dans le présent Règlement, que la place & le titre de ce Chapitre, dont il n'est pas possible de fixer les détails, jusqu'à ce que Sa Majesté ait prononcé sur les changemens qu'Elle pourra avoir à ordonner dans l'habillement, équipement & armement de ses Troupes à cheval, d'après les essais, qu'Elle a autorisé le Conseil de la guerre à faire exécuter cette année.

Ce Chapitre sera rempli lors de la rédaction du Code, & il prescrira non-seulement tout ce qui a rapport à la tenue des Officiers, bas Officiers, & des Cavaliers, Hussards, Dragons & Chasseurs, mais aussi la forme des soins, des méthodes & des inspections qui doivent l'établir & la surveiller : l'intention de Sa Majesté étant que la tenue soit, dans tous ses régimens de Troupes à cheval de chaque espèce, de la plus exacte uniformité, & que dans tous, elle soit simple, régulière, jamais onéreuse aux Troupes, & toujours analogue aux idées de guerre qu'Elle veut qu'on ne perde pas de vue dans la fixation de tous les détails qui composeront ce Titre.

TITRE IX.

Des diverses règles de Police générale des Corps.

L'INTENTION de Sa Majesté a été, de fixer par le présent Titre, différens détails de police & de discipline générale, desquels, quelques-uns sont épars dans les anciennes Ordonnances, mais dont le plus grand nombre n'a pas été prévu, & qu'Elle entend soumettre, ainsi que tout ce qui concerne son armée, à une règle précise & uniforme.

Visites & repas de Corps.

ARTICLE PREMIER.

Visites de Corps. LES visites de Corps que les régimens feront à tout Commandant de Province ou de Place, & Officier général ayant des lettres de service, ainsi qu'à toute personne à laquelle il sera dû des honneurs, d'après l'Ordonnance, ou conformément à une décision particulière, devant être regardées comme un devoir militaire, elles seront en grande tenue, comme si les Officiers devoient paroître sous les armes.

Toutes les autres visites de Corps, faites, soit à des Officiers généraux non employés, auxquels il en sera toujours rendu, soit à telles autres personnes que ce soit, seront faites, avec la différence expresse, que les Officiers ne seront pas dans l'état de tenue où ils doivent paroître quand ils prennent les armes.

Les Commandans des régimens auront au surplus attention de ne pas prodiguer les visites de Corps de cette dernière espèce, dont les cas n'étant & ne pouvant point être fixés par Sa Majesté, restent à leur disposition,

mais

mais qu'un sentiment bien entendu de la dignité du corps d'Officiers qu'ils commandent, doit leur faire restreindre à ce qui est absolument nécessaire ou convenable.

2.

SA MAJESTÉ voulant empêcher les Officiers de son armée de ne se déranger par aucune dépense, soit superflue, soit de luxe, soit étrangére au service, défend expressément tout repas de Corps, fête de Corps & autre réception, faite en commun & avec appareil, soit d'un régiment à un autre, soit aux Chefs des régimens, soit à leurs femmes, soit aux habitans des garnisons ou quartiers, & Elle rend responsables de toute transgression directe ou indirecte de sa volonté à cet égard, les Commandans des Corps envers les Commandans des provinces & Chefs de divisions, & ceux-ci envers Elle.

Repas
& fêtes de Corps
défendus.

3.

LORSQUE les régimens voudront recevoir, soit à leur passage, soit à leur arrivée dans une garnison, les Officiers d'un autre régiment, ils se les partageront dans leurs auberges ou ordinaires; & les Commandans des régimens tiendront la main à ce qu'à cette occasion il ne soit fait, dans les auberges & ordinaires, aucune dépense extraordinaire, qui puisse être onéreuse aux Officiers qui les composent.

Cas de passage
d'un régiment.

4.

DANS les garnisons où il se trouvera plusieurs régimens, soit d'une arme, soit de diverses armes, les régimens se partageront entr'eux la réception du régiment arrivant ou passant; ce moyen conciliant à la fois les vues d'économie & l'esprit de fraternité qu'il est désirable d'établir ou de maintenir dans toutes les Troupes de l'armée.

Comment traités
lorsqu'il y aura
plusieurs régimens.

Rixes, querelles ou batteries.

5.

PAR une suite de l'intention dans laquelle est

Attention

Q

Sa Majesté, que les Commandans des régimens favorisent en tout ce qui dépendra d'eux, le maintien ou l'établissement de cet esprit, Sa Majesté entend qu'ils mettent tous leurs soins à prévenir ou appaiser promptement tout sujet de querelle, rixe ou batterie qui pourront survenir, soit dans leur régiment, soit entre lui & d'autres régimens, soit enfin avec les habitans.

<h2 style="text-align:center">6.</h2>

ILS prendront à cet effet toutes les mesures que leur mettent dans les mains la discipline & l'autorité, en se concertant à cet égard avec les Commandans des Places, ou en prenant leurs ordres, ainsi que ceux des Officiers généraux divisionnaires, suivant l'exigence des cas.

Ces moyens peuvent être, de multiplier les exercices, les appels, les patrouilles; de consigner, soit dans la Place, soit dans le quartier; de défendre l'entrée dans les cabarets qui ont pu donner lieu à la querelle, de punir les bas Officiers ou Cavaliers contrevenans, soit agresseurs, soit agressés, soit témoins, chacun en proportion du cas; mais le moyen le plus efficace est celui de s'en prendre aux Chefs d'escadron & Commandans des compagnies, ceux-ci devant, à leur tour, avoir leur recours sur les Officiers qui y sont attachés, & de finir par les mettre de service & de police continuelle au quartier; car, dans ce genre, tout se prévient ou s'appaise bientôt par l'assiduité de chaque grade à ses fonctions, & par la stricte vigilance qui en est la suite.

<h2 style="text-align:center">7.</h2>

LORSQUE des rixes, querelles & batteries s'élèveront d'un régiment à l'autre, les Commandans des régimens se concerteront entr'eux pour les appaiser; les mêmes moyens devant être alors pris dans les deux régimens, & les conventions réciproques faites à cet égard, exactement maintenues. C'est alors, & en cela, que doivent intervenir l'autorité & la surveillance des Commandans des provinces,

Commandans des Places & Chefs des divisions, ainsi qu'il
sera dit plus amplement dans l'Ordonnance du service
des Places, celle-ci ne traitant que de ce qui a rapport à
un régiment.

TITRE IX.

8.

ENFIN la prolongation des querelles & batteries dans
un régiment, ou entre plusieurs régimens, ne pouvant
jamais être que la suite de la mauvaise discipline quand
on n'y remédie pas promptement, Sa Majesté en rendra
toujours les Colonels responsables, & Elle les fera, dans
ce cas, rejoindre leur régiment s'ils sont absens, ou les
punira plus sévèrement, suivant les circonstances.

Les Commandans
des Corps
en répondront.

9.

ELLE en usera de même à leur égard, quand le régiment
aura des rixes ou querelles, soit d'éclat, soit prolongées
avec les habitans, Sa Majesté n'entendant expressément
qu'aucun régiment ne se porte, ni en tout ni en partie à op-
primer, maltraiter ou à molester les habitans de sa garnison
ou de son quartier, de quelque manière que ce puisse être;
& Sa Majesté regardant comme une faute très-grave toute
espèce de violence ou de désordre dans ce genre.

Rixes &
querelles avec les
Habitans.

Tables des Officiers.

1 0.

SA MAJESTÉ ayant, par son Ordonnance générale
d'organisation & d'administration de l'armée, exigé &
réglé que les Commandans de ses provinces, Chefs de
divisions, Officiers généraux divisionnaires, & Colonels
de ses régimens, se restreindroient, chacun dans les pro-
portions de leur état & de leur grade, à une vie simple,
économique & militaire, Elle entend que cet exemple
soit suivi par les autres Officiers supérieurs & particuliers
de ses régimens, & Elle a fixé en conséquence les règles
ci-après prescrites, en rendant lesdits Commandans, Chefs
de divisions, Officiers généraux divisionnaires & Commandans des régimens, responsables de leur stricte exécution.

Règles établies
pour les tables
des Officiers.

11.

LES Colonels des régimens ne pourront avoir à leur table plus de dix plats, en un ou deux services, non compris le potage; & cette règle ne pourra être éludée, soit au moyen des plats à comparniment, contenant plusieurs espèces de mets, soit sous le prétexte qu'ils vivroient réunis avec d'autres Colonels ou Officiers supérieurs, ou que leurs femmes viendroient tenir leur maison.

12.

DANS aucun cas, les Colonels ne pourront vivre, soit à l'auberge, soit à l'ordinaire, avec les Chefs d'escadron ou Capitaines de leur régiment; mais il leur sera permis, s'ils le jugent à propos, de se réunir avec les Officiers supérieurs.

13.

LES Colonels attachés, dans les régimens où il y en a, & les Majors en second qui vivront chez eux, ne pourront avoir plus de six plats, non compris le potage, & ils ne pourront pas en faire servir davantage à leur table, même en se réunissant.

14.

LES Commandans des régimens tiendront la main à ce que la table des Officiers, soit qu'ils soient à l'auberge ou à l'ordinaire, soit servie d'une manière simple & militaire, & à ce qu'aucune, quelque nombreuse qu'elle soit, ne soit servie de plus de dix plats, en un ou deux services.

Ils tiendront également la main à ce que le prix des auberges ou ordinaires soit en proportion des appointemens de ceux qui les composent; ils auront sur-tout cette attention pour les auberges des Lieutenans & Sous-lieutenans, & s'assureront que ceux qui vivent à l'auberge, payent régulièrement leurs aubergistes tous les mois, afin de prévenir par-là les occasions de dérangement.

Les

Les Colonels & Commandans des régimens auront par conséquent le droit de connoître de la composition des auberges & ordinaires, de la manière dont les tables y sont servies, de ce qu'elles coûtent par mois, & de l'exactitude des payemens; ils veilleront aussi à ce que les Sous-lieutenans nouvellement pourvus entrent dans les ordinaires ou auberges les plus proportionnées à leurs facultés, & où ils peuvent recevoir les meilleurs exemples; enfin ils chargeront spécialement les Lieutenans-colonels de la surveillance de tout ce qui a rapport à cet article.

15.

Salles d'assemblées.

LES Colonels & Officiers supérieurs des régimens, feront tout ce qui dépendra d'eux pour abolir parmi les Officiers, la fréquentation des Cafés, & pour y substituer, soit chez eux, soit ailleurs, des salles d'assemblées ou de simples jeux de commerce, des papiers publics, des livres d'une bonne espèce, & particulièrement des livres militaires qui puissent procurer aux Officiers un point de réunion, à la fois décent & utile; Sa Majesté n'ordonnant rien sur cet objet, qui est plutôt du ressort de la persuasion que de celui de l'autorité, mais elle saura gré aux Colonels qui feront de pareils établissemens dans leur régiment, & aux régimens qui auront le bon esprit d'entrer dans leurs vues à cet égard.

16.

Défense aux Sous-lieutenans d'entrer au Café.

VEUT Sa Majesté, qu'en attendant, aucun Sous-lieutenant, soit de remplacement, soit en pied, ne puisse entrer dans aucun Café de la garnison, pendant les deux premières années qu'il passera au Corps, d'abord parce que ce temps doit être consacré à son instruction, & ensuite parce que l'habitude des premières années influe sur le reste de la vie.

Jeux de hasard & autres.

17.

Jeux de hasard défendus.

LES Commandans & tous les Officiers supérieurs

R

des régimens, empêcheront & donneront eux-mêmes l'exemple, de ne jouer à aucun jeu de hasard, même des sommes légeres, & ils ne pourront & ne laisseront jouer de grosses sommes à aucun autre jeu, quel qu'il soit; ils ne souffriront de même pas, qu'aucun Officier joue sur billet ou sur sa parole.

18.

Lieux & sociétés de jeu défendus.

ILS prendront des informations sur les lieux de jeu & sociétés particulières où il seroit joué des jeux défendus, ou de trop grosses sommes à des jeux permis; & dans le cas où les Officiers y prendroient part, ils en donneront avis au Commandant de la Place; & si les régimens ne sont pas dans des villes où il y ait un Commandant, ce sera au Commandant de la province, pour qu'il y soit remédié.

19.

Punitions des Officiers qui joueront à des jeux de hasard,

TOUT Officier d'un régiment, de quelque grade qu'il soit, qui jouera dans la garnison, soit à des jeux de hasard, soit de grosses sommes à d'autres jeux quelconques, soit sur des billets ou sur sa parole, sera mis en prison pour trois mois, ou par le Commandant du régiment, ou par celui de la Place ou par celui de la province, selon que la connoissance du délit sera parvenue à l'un ou à l'autre, & il en sera rendu compte au Secrétaire d'État ayant le département de la guerre, & au Commandant de la province, si ce n'est pas ce dernier qui ait ordonné la punition; en cas de récidive, il y sera mis pour six mois; & enfin à la troisième fois, le Secrétaire d'État de la guerre prendra les ordres de Sa Majesté pour une punition plus grave, suivant l'exigence du cas.

20.

Défense expresse aux bas Officiers & Cavaliers de jouer de l'argent.

LES bas Officiers, Brigadiers, Cavaliers, Hussards, Dragons & Chasseurs, ne joueront jamais de l'argent entre eux, & les Commandans des compagnies & Colonels des régimens y tiendront sévèrement la main.

Tout bas Officier qui jouera, soit avec les Brigadiers,
soit avec les Cavaliers, Dragons, Hussards ou Chasseurs,
& tout Brigadier qui jouera avec ces derniers, sera dou-
blement puni, sa faute étant alors à la fois contre l'ordre
donné & contre la discipline, que cette familiarité ne peut
manquer de compromettre.

Dettes des Officiers, bas Officiers & Cavaliers.

21.

SA MAJESTÉ voulant empêcher les Officiers de ses
Troupes, de contracter des dettes, & conserver ainsi à sa
destination naturelle, le traitement qu'Elle leur accorde
pour s'entretenir à son service, Elle leur défend très-expressément d'acheter aucune chose à crédit, & de contracter aucun engagement pour dettes, en ce qui ne sera
pas relatif à leurs affaires de famille ou de propriété per-
sonnelle, sans l'aveu & consentement par écrit du Commandant de leur régiment.

*Défense
aux Officiers
d'acheter à crédit.*

22.

VEUT Sa Majesté qu'il ne soit payé, par retenue sur
les appointemens des Officiers, que les dettes qui seront
autorisées en la manière énoncée dans l'article précédent,
& qui auront seulement pour objet leur subsistance habillement, équipement, remonte & fournitures relatives,
soit à leur état, soit à leur service.

*Retenues
autorisées sur les
appointemens.*

23.

LES dettes ci-dessus ne seront payées par la caisse
des régimens, sur la retenue faite à l'Officier débiteur,
qu'après que les titres, mémoires arrêtés ou billets qui
les constateront, auront été visés par le Commandant du
régiment, lesquels inscriront en marge ou au dos desdites
pièces justificatives, les termes & délais qui auront été fixés
pour le payement.

Les créanciers propriétaires desdits titres, mémoires
arrêtés ou billets, seront en conséquence tenus de les
présenter au Commandant du régiment, deux mois au
plus tard, à compter de leur date, & après ce terme,

*Dettes
des Officiers;
comment payées.*

ils ne seront point admis à réclamer leur payement sur les appointemens de leurs débiteurs, sauf à eux à se pourvoir par les voies de droit ou de justice contre ces derniers, & sur leurs biens, ainsi qu'ils aviseront bon être.

24.

Dettes des bas Officiers.

IL en sera usé de même, à plus forte raison, pour les bas Officiers, à l'égard des créances, mémoires ou billets qu'ils pourroient faire, ainsi qu'il a été dit dans les articles précédens, pour les Officiers. Les bourgeois ou habitans envers qui ils auront contracté des dettes ou engagemens, sans l'approbation du Commandant de leur compagnie, ou du Commandant du régiment, ne pourront avoir aucun recours sur la solde desdits bas Officiers; & les bas Officiers qui auront contracté ces dettes ou engagemens, seront plus ou moins sévèrement punis, suivant l'exigence du cas.

25.

Dettes des Brigadiers & Cavaliers.

QUANT aux Brigadiers, Cavaliers, Hussards, Dragons & Chasseurs, ils ne pourront, sous tel prétexte que ce soit, contracter aucune espèce d'emprunt, dette ou billet, soit entr'eux, soit envers les habitans, à moins que ces créances ne soient approuvées par le Commandant de leur compagnie, qui, dans ce cas, les signera, & en deviendra responsable; hors cette exception, toute créance contractée par les Brigadiers, Cavaliers, Hussards, Dragons & Chasseurs, demeurera nulle; & lesdits Brigadiers, Cavaliers, Dragons, Hussards & Chasseurs, seront punis plus ou moins sévèrement, suivant l'exigence du cas.

26.

Les habitans prévenus des dispositions ci-dessus.

POUR que les habitans ne soient pas exposés, à contribuer par des vues de facilité ou d'intérêt au dérangement des Troupes de Sa Majesté, ni à perdre leur créance, les articles ci-dessus leur seront notifiés à l'arrivée de chaque troupe dans la garnison ou dans le quartier, dans la forme prescrite par l'Ordonnance du service des Places.

27.

LA même Ordonnance entrera dans le détail des défenses qui seront faites aux bas Officiers & Cavaliers, de vendre ou de troquer aucun de leurs effets d'armement, habillement & équipement, ainsi qu'aux habitans de les acheter ou recéler, & dans celui des peines ordonnées, tant contre les vendeurs ou troqueurs, que contre les acheteurs ou receleurs.

Mariages des Officiers, bas Officiers & Cavaliers.

28.

*Défense
à tout Officier
de se marier
sans permission.*

TOUT Officier, de quelque grade qu'il soit, étant en activité au service, à l'exception de ceux mentionnés en l'article 33, ne pourra se marier sans la permission de Sa Majesté.

29.

*Mémoire
pour la demander.*

TOUT Officier attaché à un régiment, & qui voudra se marier, sera tenu d'en demander la permission au Colonel, par un mémoire dans la forme analogue à celle prescrite pour toute espèce de demande de grâce.

30.

*Renseignemens
à joindre
au mémoire
de demande.*

LES Officiers qui demanderont la permission de se marier, seront obligés de joindre à leur mémoire de demande, le consentement de leurs parens, s'ils sont encore dans le cas d'en dépendre, ainsi que des renseignemens sur les noms, qualités & demeure de la personne qu'ils doivent épouser, pour fonder les informations que le Colonel du régiment sera obligé de prendre.

31.

*Comptes à rendre
par le Colonel.*

LE Colonel sera tenu de prendre par lui-même des informations, avant d'approuver le mémoire; & si le résultat de ses informations constatoit que le mariage que l'Officier desireroit de contracter, fût indécent, & propre à nuire à la considération de cet Officier, ou à le jeter dans un dérangement, qui feroit tort au service, le Colonel fera connoître, par fa note, les raifons qu'il a pour s'y oppofer, & le feroit ainfi paffer directement au Secrétaire d'Etat de la guerre, lequel en rendra compte à Sa Majefté, & fera connoître tout de fuite l'approbation ou le refus de Sa Majefté.

32.

Punition de l'Officier qui fe fera marié fans permiffion.

TOUT Officier qui contractera un mariage fans la permiffion de Sa Majefté, fera mis un an en prifon, même quand fon mariage feroit fortable, & puni plus févérement s'il ne l'étoit pas.

33.

Mariages des Quartiers-maîtres, Porte-étendards & Chirurgiens-majors.

LES Quartiers-maîtres, Porte-étendards ou Guidons, & les Chirurgiens-majors, ne pourront également fe marier fans en avoir obtenu directement la permiffion du Colonel de leur régiment.

S'ils manquent à cette règle, ils feront deftitués de leur emploi, fur la demande du Colonel.

34.

Défenfe à tout bas Officier & Cavalier de fe marier fans permiffion.

AUCUN bas Officier, Brigadier, Cavalier, Huffard, Dragon ou Chaffeur, ne pourra fe marier, foit dans la garnifon, foit hors de la garnifon, ou détaché, ou en congé, fans une permiffion par écrit du Commandant de fa compagnie, vifée par le Colonel, & fcellée du cachet du régiment pour éviter toute contrefaction de ladite permiffion ; le modèle de cette permiffion eft annexé à la préfente Ordonnance, fous le n.° 1.er

Les Commandans des compagnies ou efcadrons détachés d'un régiment, ne pourront accorder de pareilles permiffions ; ce droit appartiendra au Colonel feulement.

35.

Punition en cas de contravention.

TOUT bas Officier, Brigadier, Cavalier, &c. qui fe mariera fans ladite permiffion, fera caffé, s'il eft bas Officier ou Brigadier ; & foit qu'il foit ou bas Officier, Brigadier ou Cavalier, il ne comptera plus pour son engagement ou rengagement, que du jour de son mariage, ainsi que s'il étoit engagé ou rengagé du même jour; s'il étoit au rengagement annuel, il seroit privé de recevoir, chaque année, le montant fixé pour son rengagement, jusqu'à ce qu'il fût admis à prendre sa retraite, ou qu'il prît son congé absolu, s'il préféroit de renoncer au prix de ses services.

36.

Permissions de mariage des bas Officiers & Cavaliers; comment demandées.

LES permissions de mariage, pour les bas Officiers, Brigadiers, Cavaliers, &c. seront demandées dans la forme prescrite pour les autres demandes. Le Capitaine de la compagnie & le Chef d'escadron, avant de la faire au Major en second, s'assureront si le bas Officier, Brigadier ou Cavalier, améliorera son état en contractant son mariage, ou si au moins la femme qu'il desire d'épouser, peut être utile au régiment, soit comme Blanchisseuse ou Couturière, soit par quelqu'autre métier nécessaire à la Troupe.

37.

Attentions à avoir dans les permissions à accorder.

SI le bas Officier ou Cavalier qui demande à se marier, est un sujet propre à être avancé, & sur-tout à devenir Officier avec le temps, on sera plus difficile sur le choix qu'il aura fait, afin que son mariage ne puisse pas un jour être un obstacle à son avancement.

On aura principalement attention aux mariages des Adjudans; leur position les destinant plus particulierement à devenir Officiers.

38.

Nombre d'hommes mariés, toléré par régiment.

SA MAJESTÉ ne fixe rien de précis sur le nombre d'hommes mariés qui pourront être tolérés par régiment, ayant leur femme à leur suite; Elle s'en remet sur cela à la prudence des Commandans des régimens, qui doivent balancer, à cet égard, ce qu'il peut en résulter d'embarras ou d'utilité.

Ils pourront accorder quelquefois des permissions semblables, à condition que les femmes ne joindront pas le régiment ; mais pour que cette condition soit exactement remplie, les Colonels s'affureront, par des certificats des Curés & Officiers municipaux du lieu, que les femmes, que ces permiffions concernent, ont de quoi fe nourrir & élever leurs enfans, fans avoir befoin de fecours de leur mari, & qu'elles s'engagent en conféquence formellement à ne venir s'établir au régiment, que dans le cas où la permiffion leur en feroit donnée.

39.

Mariages des Cavaliers, favorifés.

AU refte, Sa Majefté étant dans l'intention de fizer, ou tout au moins de prolonger la permanence des régimens dans leurs garnifons ou quartiers, il entre dans fes vues de favorifer par la fuite le mariage des Soldats, en aidant à la fubfiftance des enfans, & Elle fera connoître dans le temps fes intentions à cet égard.

40.

Mariages dans les régimens etrangers.

A l'égard des régimens Etrangers, non-feulement Sa Majefté ne fixe rien pour le nombre de permiffions de mariage, mais Elle engage les Commandans de ces régimens à les multiplier, toutes les fois que les Cavaliers, Huffards, &c. auront des métiers, & épouferont des fujettes du Roi, ce qui les attachera davantage à la France, en les faifant citoyens.

41.

Célébration des mariages.

L'INTENTION de Sa Majefté eft au furplus, que les Officiers, bas Officiers, Cavaliers, Huffards, &c. de fes Troupes, obfervent, foit avant, foit pour la célébration de leur mariage, tout ce qui eft preferit par les règles de l'Eglife & les Ordonnances de fon royaume.

École d'inftruction pour les Cavaliers.

42.

École à former pour les Cavaliers.

PENDANT l'hiver, à commencer de l'époque du départ des femeftriers, jufqu'à leur retour, il fera établi dans chaque régiment, une École, dans laquelle on enfeignera aux Cavaliers à lire, à écrire & l'arithmétique.

Cette

Cette École aura, à la fois, pour objet, d'occuper ceux des Cavaliers qui auront des dispositions, & de former par-là des sujets propres à devenir bas Officiers.

Les bas Officiers seront aussi admis à ces Écoles, pour s'y perfectionner.

43.

Choix à faire des Maîtres pour tenir l'École.

LE Commandant du Corps choisira parmi les bas Officiers ou Brigadiers les plus instruits, deux Maîtres pour tenir l'école & pour y enseigner.

44

L'École, où placée.

LA salle sera établie dans une chambre des casernes, suffisamment éclairée & spacieuse, elle sera garnie de tables & de bancs, pris dans l'excédant de ceux du régiment; pendant l'hiver il y sera placé un poêle, lequel sera chauffé sur le produit du chauffage de l'incomplet.

45.

Bas Officiers & Cavaliers engagés à y aller.

LES bas Officiers, Brigadiers, Cavaliers, &c. sur-tout ceux qui seront notés pour être avancés, seront engagés d'aller à cette École, ainsi que les enfans du Corps.

Les Élèves se fourniront tout ce qui leur sera nécessaire en papier, plumes & encre.

46.

Exemption & traitement des Maîtres.

LES Maîtres seront exempts de service pendant la saison de l'École; il leur sera donné en outre une grati-fication sur la masse générale, suivant la satisfaction qu'on aura de leur travail, & des progrès de l'instruction qu'ils auront donnée.

47.

Heures fixées pour les différens gradés.

LES bas Officiers auront des heures fixées pour prendre leçon, de manière à n'être point confondus avec les Brigadiers & Cavaliers.

Le Commandant du Corps fixera les heures où la classe se tiendra pour les uns & pour les autres.

48.

Officier chargé de la police de l'École.

IL y aura un Porte-étendard, Porte-guidon ou Officier surnuméraire, chargé de la police de l'École, laquelle aura lieu, & autant qu'il se pourra, tous les jours de la semaine, excepté les Samedis, les Dimanches & les Fêtes.

49.

Visites de la salle d'écriture.

LE Capitaine de police visitera la salle d'écriture tous les jours ; le Commandant du Corps la visitera aussi de temps en temps, pour animer l'émulation.

50.

État nominatif des Élèves.

IL sera formé un état des Élèves, lequel sera attaché au lieu le plus apparent de la salle ; les Écoliers y seront désignés suivant les heures des classes, avec la date de leur entrée à l'École, & les espèces de leçons ; cet état sera conforme au modèle n.º 2.

51.

Salles d'escrime & de danse.

LE Commandant du Corps pourra aussi favoriser, pendant l'hiver, l'établissement d'une salle d'escrime & de danse, pourvu qu'elle soit toujours dans l'enceinte du quartier, & soumise à la vigilance de l'Adjudant ou d'un bas Officier ; ces exercices étant à la fois propres à augmenter la force, l'adresse & la grâce militaire des Cavaliers.

52.

Jeux à établir à portée du quartier.

LES Commandans ne négligeront pas aussi d'établir de même, soit dans l'enceinte du quartier, soit à portée des terrains destinés aux jardins des compagnies, des jeux qui puissent dissiper le Cavalier, & ils y prendront quelquefois intérêt par leur présence.

53.

École de natation.

QUAND il y aura des rivières, à portée des quartiers, où on puisse apprendre à nager sans danger, les Commandans des régimens établiront & encourageront cette École, dont le but & le fruit peuvent être utiles à la guerre.

TITRE X.
Des Distributions.

ARTICLE PREMIER.

LE Quartier-maître-trésorier étant chargé de toutes les distributions, il tiendra les registres & états en conséquence, ainsi qu'il est dit dans l'Ordonnance d'administration intérieure des régimens, il fournira des reçus de chaque objet qu'il recevra, il veillera, pendant la distribution, à ce que l'ordre & la police y soient maintenus, & il emploira à cet effet les bas Officiers qui y seront venus pour la recevoir.

Fonctions du Quartier-maître.

2.

EN l'absence du Quartier-maître, il sera remplacé dans cette fonction par un Adjudant, Porte-étendard ou Guidon, ou par un Officier surnuméraire, suivant l'ordre du Commandant du régiment.

Par qui remplacé

3.

LE prêt se délivrera ainsi qu'il est prescrit dans l'Ordonnance d'Administration.

Prêt.

4.

LE pain sera distribué tous les quatre jours.

On fera cette distribution en règle, & à un signal donné par le Trompette de police. Le Maréchal-des-logis en chef de chaque compagnie, & à son défaut, un Maréchal-des-logis assemblera un homme par ordinaire, en sarrau, pantalon & bonnet de police.

Le Quartier-maître les réunira sur deux rangs, placera les Maréchaux-des-logis en chef, sur les flancs & vis-à-vis

Comment conduits au pain.

leur compagnie, pour les faire marcher en ordre, commandera *à droite*, *MARCHE*, & il se mettra à leur tête jusqu'au lieu de la distribution.

5.

Distribution du pain.

LE Quartier-maître entrera dans la boulangerie pour examiner la qualité du pain, & en vérifier le poids ; il appellera la première compagnie, & fera commencer la distribution. Chaque Maréchal-des-logis en chef sera en dehors du magasin ; il remettra au Quartier-maître le bon signé de son Capitaine, pour la quantité de pain qu'il devra recevoir.

6.

Comment ramenés au quartier.

AUSSITÔT que la distribution d'une compagnie sera faite, le Maréchal-des-logis ramènera ensemble au quartier, les hommes qui en seront chargés.

7.

Comptes de la distribution à rendre par le Quartier-maître.

APRÈS la distribution, le Quartier-maître rendra compte par écrit, au Commandant du Corps, de la qualité & de la quantité de pains fournis, & de ce qui aura pu se passer de nouveau à la distribution.

Le Quartier-maître portera en même temps au Commandant du régiment, un demi-pain, pour qu'il puisse juger par lui-même de sa qualité.

8.

Distribution du fourrage.

LE Quartier-maître en usera pour la distribution du fourrage & de l'avoine, ainsi que pour celle du pain, tant pour la tenue de la Troupe, pour l'assemblée & l'ordre de marche jusqu'au lieu de la distribution, que pour la visite & vérification de la qualité & du poids des rations.

9.

Bon des Capitaines.

LES Maréchaux-des-logis en chef remettront de même, au Quartier-maître, le bon signé du Commandant de leur compagnie.

10. APRÈS

10.

Après la distribution, le Quartier-maître rendra compte de même au Commandant du régiment, de la distribution, & de ce qui aura pu s'y passer.

11.

On observera dans les autres distributions, soit de fourniture de lits, soit de paille, bois, chandelle, tabac, sel, &c. le même ordre & la même règle que celle des distributions ci-dessus.

12.

Lorsque les régimens voyageront par étape, les distributions, précautions ou règles qui y sont relatives, auront lieu, ainsi qu'il sera dit dans le Règlement que Sa Majesté se propose de rendre concernant *les marches des régimens dans le Royaume, les fournitures, soit par étapes, soit par les soins des régimens, ainsi que sur la police & discipline des Troupes, pendant lesdites marches.*

13.

La distribution, soit dans les camps, soit en campagne, se fera conformément à ce qui sera prescrit dans l'Ordonnance du service dans les camps & à la guerre.

TITRE XI.

Des Travailleurs.

ARTICLE PREMIER.

Quoique le nombre des Travailleurs doive être nécessairement très-borné dans les Troupes à cheval, par l'assiduité presque continuelle qu'exige le service de cette arme, les besoins du régiment, & enfin les circonstances, en produisant toujours quelques-uns, on a cru nécessaire de fixer ci-après les règles & formes qui doivent être suivies à cet égard.

2.

À qui accordées.

IL ne sera accordé aucune permission de travailler, qu'à des hommes admis à l'escadron.

3.

Comment demandées.

CES permissions seront demandées par les Commandans des compagnies aux Chefs d'escadron, qui, après avoir examiné si elles peuvent être accordées, soit d'après la situation des compagnies, soit d'après la règle ci-dessus établie, & celles qui seront ajoutées ci-après, les fera approuver par le Commandant du régiment.

Ces permissions seront conformes au modèle, *n.º 3* annexé à la présente Ordonnance.

4.

Les Capitaines s'assureront du gain des Travailleurs.

AVANT de les proposer, le Commandant de la compagnie s'assurera, de ce que lesdits Travailleurs devront gagner, & après l'avoir fait vérifier chez les maîtres Ouvriers ou autres personnes qui les emploient, il calculera, si, en prélevant l'argent qu'ils doivent payer pour leur service & la consommation des effets qu'ils doivent user au travail, il y a de l'avantage à leur permettre de travailler ; les Chefs d'escadron constateront cette précaution, & en seront responsables aux Commandans des régimens.

5.

Registre des Travailleurs.

AFIN que l'État-major du régiment puisse vérifier en tout temps, si le produit de l'argent des Travailleurs, ainsi que de leur service, est employé avec soin par les Commandans des compagnies, à l'entretien du Cavalier, il ne sera jamais accordé aucune permission de Travailleur qu'elle ne soit enregistrée chez l'Officier chargé du détail des Masses, conformément à l'*art. 5* du *titre VII* de l'Ordonnance d'administration.

Le Commandant du régiment se fera représenter ce registre régulièrement à la fin de chaque mois, & s'assurera par les bordereaux des Capitaines de l'emploi qu'ils auront fait de l'argent des Travailleurs & de leur service ; il fera mettre en règle, & punira, suivant l'exigence du cas, les Commandans des compagnies, dans lesquelles cet argent n'auroit pas été employé avec soin.

6.

LES retenues faites aux Travailleurs, soit pour leur service, soit pour dédommagement des ordinaires, quand ils n'y mangeront pas, soit au bénéfice de la masse de compagnie, auront lieu, ainsi qu'il est prescrit dans l'Ordonnance de l'administration intérieure des régimens pour les services & la masse de compagnie, & au *Titre VII*, *article 22*, du présent Règlement, pour le dédommagement des ordinaires.

7.

ON ne donnera jamais de permission de travailler, que dans les villes ou quartiers qu'occupera le régiment, ou très à portée, de manière que les Travailleurs puissent être soumis à la surveillance journalière des Officiers & bas Officiers de leur compagnie, & qu'ils puissent être réunis à l'instruction, les Dimanches & Fêtes, aux heures & de la manière que prescrira le Commandant du régiment, & inspectés en même temps pour tout ce qui a rapport à leur habillement, armement & équipement.

8.

CE sera au surplus aux Commandans des régimens à fixer le nombre des Travailleurs qu'ils jugeront à propos d'accorder ; ce nombre dépendant des saisons, des circonstances, de la position des régimens & de leur degré d'instruction. Les Commandans des régimens ne perdront seulement jamais de vue que le devoir militaire des hommes des Troupes à cheval, est en quelque sorte double, qu'il exige par conséquent bien plus d'assiduité

& de pratique que celui des Soldats d'Infanterie, & que cette considération, la première de toutes, ne doit être sacrifiée à aucune autre, qu'avec beaucoup de mesures & de précautions pour en prévenir les inconvéniens.

9.

Défense aux Officiers d'employer les Cavaliers à leur service personnel.

LES Officiers n'emploiront habituellement aucun Cavalier pour leur service personnel; on permettra qu'ils fassent panser & soigner leurs chevaux, mais par des hommes de leur compagnie seulement, & sans que lesdits hommes soient pour cela dispensés d'aucune fonction de leur service.

10.

Nature des travaux à leur permettre.

ON ne souffrira jamais que les Cavaliers soient employés à aucun travail avilissant, & qui pourroit dégrader leur profession, mais tout ce qui sera corvée militaire ou travaux pour le Roi, ne pourra jamais être reputé ainsi.

11.

Les bas Officiers pourront prendre un Cavalier pour faire leur ordinaire.

LES bas Officiers de chaque escadron, pourront, conformément à ce qui est dit au *Titre IV*, prendre un Cavalier pour faire leur ordinaire, en le payant, ainsi qu'il est prescrit pour les autres Travailleurs, c'est-à-dire, de manière que ce salaire suffise au payement de son service & au remplacement des effets qu'il usera. Ils s'adresseront, pour cet effet, au Commandant de l'escadron, qui veillera à ce qu'on y affecte, en le changeant de temps en temps, un des Cavaliers les moins propres au service, ou, par préférence, un enfant de Cavalier, s'il peut suffire, avec le consentement du père & de la mere quand ils seront au Corps.

12.

Travailleurs du régiment.

LES Travailleurs employés aux ateliers du régiment, payeront leur service au moyen du salaire qui leur sera fixé,

fixé, ainsi qu'il a été réglé par les *Titres IV & V* de l'Ordonnance d'administration.

1 3.

LES services se payeront conformément à ce qui est réglé par le *Titre VI* de l'Ordonnance d'administration, soit par mois, soit au prorata du nombre de jours qu'ils auront duré.

Payement
des services.

1 4.

S'IL y a des Travailleurs qui soient dans le cas d'aller à leurs travaux avant l'heure de l'appel du matin, ils seront munis d'un billet signé de l'Officier de leur subdivision, & approuvé par le Commandant de la compagnie : ce billet sera conforme au modèle *n.° 4*, annexé à la présente Ordonnance.

Travailleurs
dans le cas d'aller
aux travaux
avant l'appel
du matin.

1 5.

LES Travailleurs qui auront obtenu des permissions pour veiller, seront dispensés de se trouver à l'appel du soir; ces permissions seront conformes au modèle *n.° 5*.

Travailleurs
dispensés
de l'appel du soir.

1 6.

AUCUN Travailleur ne pourra se dispenser de se rendre tous les jours au quartier, à l'heure de la retraite, & d'y coucher, à moins d'une permission par écrit du Commandant de son Corps, visée du Commandant de la Place, si c'est dans une ville où il y en ait un ; (cette permission sera dans la forme du *n.° 6*).

Travailleurs
tenus de rentrer
pour coucher.

Les Travailleurs qui auront obtenu des permissions de découcher, seront obligés de se trouver à leur compagnie à l'appel du soir, toutes les veilles de Fêtes & de Dimanches, pour être, ainsi qu'il est dit à *l'article 7*, inspectés & exercés le lendemain. Cette condition sera toujours énoncée sur leur permission.

X

*Permissions
de
travail au-dehors.*

17.

LES permissions de travailler à la campagne, hors des villes, & celles pour ne rentrer au quartier qu'après la retraite, ou tous les samedis, ne se donneront qu'à des hommes dont la conduite aura été éprouvée.

Ces Travailleurs remettront leur billet au Sergent de garde à la porte, & le reprendront le soir en rentrant. Lorsqu'un régiment sera dans un quartier, où il n'y aura pas de garde aux portes, les Travailleurs au-dehors remettront ce billet au bas Officier ou Brigadier de garde de police au quartier, & le reprendront de même le soir en rentrant.

18.

*Entretien
des armes
des Travailleurs.*

LES armes des Travailleurs, ainsi que leur buffleterie, seront entretenues par ceux qui font leur service.

19.

*Habillement
des Travailleurs.*

TOUS les hommes qui ont des métiers dont ils travaillent habituellement, auront une veste ou sarrau de travail, soit de drap, de tricot ou de toile, avec un parement de drap de la couleur distinctive du régiment, des boutons à son numéro, & le colet d'une autre couleur affectée aux Travailleurs du régiment, de manière que leurs effets d'habillement restent à la chambre, & ne leur servent que quand ils prendront les armes, ou s'assembleront avec la compagnie; en conséquence, on fera, sur l'argent de leur travail, les retenues nécessaires pour les en pourvoir.

20.

*Habillement
des Perruquiers.*

LES Perruquiers pourront être en habits ou vestes, & chapeaux de poudre, pourvu qu'ils aient sur leurs habits ou vestes, la distinction du régiment; mais l'après-midi, ils seront en uniforme exact, comme les autres Cavaliers, & seront privés de travailler, s'ils sont rencontrés autrement.

2 1.

Les Travailleurs qui manqueront à quelqu'une des règles de police, préscrites ci-dessus, seront consignés, le Dimanche suivant, au quartier; & en cas de récidive, soit une, soit plusieurs fois, suivant l'exigence du cas, ils seront privés de travailler.

T I T R E X I I.

Du choix des Appointés, Brigadiers & bas Officiers, & de leur réception.

A R T I C L E P R E M I E R.

Les places d'Appointés seront toujours données aux plus anciens Cavaliers, Hussards, Dragons & Chasseurs à cheval de chaque compagnie.

*Choix
des Appointés.*

On fera reconnoître, à l'avenir, les Appointés à la tête des compagnies, leur place les destinant à suppléer les Brigadiers, & à commander les Cavaliers; mais dans le cas seulement où ils font le service de Brigadiers.

2.

Les Brigadiers seront tirés du nombre des Appointés & Cavaliers, dans toutes les compagnies du régiment indistinctement, excepté dans celle où sera la place vacante.

Des Brigadiers.

3.

Les Maréchaux-des-logis seront tirés de la classe des Brigadiers, dans toutes les compagnies du régiment, indistinctement.

*Des Maréchaux-
des-logis.*

4.

Les Maréchaux-des-logis en chef seront choisis parmi les Maréchaux-des-logis de toutes les compagnies du régiment.

*Des Maréchaux-
des-logis en chef.*

5.

LES Adjudans seront choisis parmi tous les Maréchaux-des-logis.

6.

LE remplacement des Appointés, Brigadiers & bas Officiers se fera en tout temps, à mesure que les places viendront à vaquer.

7.

LE Colonel du régiment tiendra ou fera tenir un état des sujets susceptibles d'avancement, divisé en trois parties.

La première partie sera composée des Cavaliers ou Appointés notés pour devenir Brigadiers.

La seconde, des Brigadiers qui seront notés pour devenir Maréchaux-des-logis.

La troisième sera composée des Maréchaux-des-logis susceptibles d'être faits Maréchaux-des-logis en chef ou Adjudans.

Le modèle de cet état est joint à la présente Ordonnance, sous le *n.°* 7.

8.

CET état sera renouvelé tous les ans au mois de Septembre, avant le départ des Semestriers.

Le Commandant du Corps assemblera chez lui à cet effet, les Officiers supérieurs avec le Commandant de chaque compagnie & les Chefs d'escadron.

Le Commandant du régiment appellera aussi, pour la rédaction de cet état, l'Instructeur en chef du régiment, & les Officiers chargés des différentes parties de l'administration.

Il y fera venir, s'il le juge à propos, les Adjudans; ceux-ci par leurs rapports continuels & intimes avec les bas Officiers, Brigadiers & Cavaliers, pouvant fournir des renseignemens sur les sujets proposés ou désignés.

TITRE XII.

Si le Commandant d'une compagnie n'avoit pas passé l'hiver au Corps, on feroit venir de plus l'Officier qui aura commandé la compagnie pendant l'hiver, afin qu'aucun témoignage essentiel, ne puisse manquer à la certitude des renseignemens.

En formant le nouvel état, le Commandant aura l'ancien sous les yeux, pour en extraire ceux qui y auront été portés l'année précédente, ou les effacer s'ils ont démérités essentiellement, depuis qu'il a été formé.

Lorsqu'un sujet admis sur l'état, aura commis une faute grave, & de l'espèce de celles qui méritent la perte d'un grade, il en sera rayé.

Pour toute autre faute, on pourra suivant l'exigence du cas, le noter, *retardé de six mois ou d'un an.*

9.

CET état restera entre les mains du Commandant du Corps, afin qu'il puisse continuellement veiller & faire veiller sur ceux qui y seront portés, pour constater les qualités & les défauts de chacun d'eux, & connoître par-là les raisons de préférence, de retard ou d'exclusion.

10.

QUAND il vaquera une place de Brigadier ou de bas Officier, le Commandant du Corps nommera pour le remplacer, le sujet le mieux noté de l'état, en prenant à mérite égal, celui qui le sera le plus anciennement.

11.

AUCUN Cavalier ne pourra être reçu Brigadier qu'il ne soit ;

1.° De la première classe.

2.° En état d'instruire un homme de recrue.

3.° En état de commander une section.

4.° Instruit sur le service des places dans les postes, pour ce qui le concerne.

Y

5.° De la meilleure conduite & tenue.

Il fera aufſi à defirer qu'il ſache lire & écrire.

Il n'en fera à cet effet reçu aucun, qu'il n'ait paſſé par ces examens, faits par un Adjudant, en préſence du Major, lequel en rendra compte, & en fera reſponſable au Commandant du régiment.

I 2.

Son inſtruction perfectionnée.

Sɪ le fujet, ayant de bonnes qualités, étoit un peu en arrière fur quelque partie d'inſtruction, ſans que cela fût ſuffiſant pour ſuſpendre ſa nomination, l'Adjudant ſera chargé de perfectionner ſon inſtruction, & ſa haute-paye feroit verſée à la maſſe de compagnie, juſqu'à ce qu'il fût inſtruit de tout point.

I 3.

Qualités exigées pour un Maréchal-des-logis.

AVANT de faire recevoir un Brigadier à une place de Maréchal-des-logis, on s'aſſurera s'il eſt parfaitement en état;

1.° D'inſtruire les Recrues.

2.° De commander un peloton.

3.° S'il poſsède à fond la théorie du ſervice des places & de campagne qui le concerne.

4.° Celle de ſervice, de police & de diſcipline intérieure du régiment.

5.° Et s'il eſt d'une conduite & d'une tenue exemplaires.

Il ſera indiſpenſable qu'il ſache lire & écrire.

On tiendra en conſéquence, pour l'examen & la réception des Maréchaux-des-logis, la même marche que pour celle des Brigadiers, en ſe rendant plus difficile encore; les fonctions de ce grade devenant plus importantes, le Major du régiment, ou un Officier ſupérieur, nommé par le Colonel, aſſiſtera à cet examen, pour lui en rendre compte, & en ſera reſponſable.

14.

LES Maréchaux-des-logis en chef, feront choifis avec la même attention, & leur examen embraffera les détails de comptabilité dont ils doivent être chargés : à cet effet, les Maréchaux-des-logis qui feront notés pour le devenir, feront inftruits fur cette dernière partie par le Quartier-maître, & furveillés dans cette inftruction par l'Officier fupérieur que le Colonel en chargera.

15.

LES Adjudans étant les premiers bas Officiers du régiment, & pouvant beaucoup influer fur leur inftruction, fur leur bon efprit, en même temps que leurs fonctions exigent de l'intelligence, les Commandans des régimens & Officiers fupérieurs ne pourront apporter trop d'attention au choix qu'ils feront d'eux, & ils ne devront par conféquent s'en rapporter, pour leur examen, qu'à eux-mêmes, ou à l'Officier fupérieur de leur régiment qu'ils jugeront le plus inftruit & le plus capable de leur en répondre.

Les examens théoriques & la pratique des fonctions de bas Officier ne fuffifant pas pour s'en bien affurer, ils ne fixeront leur opinion & leur choix qu'après avoir fait faire, pendant un mois au moins, au bas Officier qu'ils ont en vue pour remplir la place d'Adjudant, le fervice de cet emploi.

16.

AUCUN Appointé, Brigadier ou bas Officier, ne pourra entrer en fonction fans être, ce premier, reconnu, & les autres reçus à la tête de la compagnie à laquelle ils doivent être attachés.

17.

TOUTES les fois qu'un Appointé devra être reconnu, & un Brigadier ou bas Officier reçu, le Commandant du régiment en donnera l'ordre, en en prefcrivant le jour & l'heure.

TITRE XII.

Les Appointés & Brigadiers, comment reconnus ou reçus.

18.

LES Appointés seront reconnus, & les Brigadiers reçus, à un des appels qui seront faits hors des chambres, par le Lieutenant de semaine, auquel le Capitaine en donnera l'ordre.

19.

Bas Officiers, comment reçus.

LES bas Officiers seront reçus à l'Inspection du Dimanche, ou à la première occasion où la compagnie prendra les armes, & ce sera le Capitaine qui les recevra lui-même.

20.

Formes de leur réception.

CELUI qui devra être reconnu ou reçu, sera toujours armé & en grande tenue : il se placera en avant du centre de la compagnie, à la gauche de celui qui devra le faire reconnoître ou recevoir, faisant face à la troupe. Dans cette position, celui qui devra le faire reconnoître ou recevoir, mettra l'épée à la main, & dira à haute voix : *DE PAR LE ROI, Cavaliers* (si c'est un Brigadier qu'on reçoit ; & si c'est un Maréchal-des-logis), *Brigadiers & Cavaliers* (ou si c'est un Maréchal-des-logis en chef), *bas Officiers, Brigadiers & Cavaliers, vous reconnoîtrez le nommé* (un tel), (si c'est un Brigadier ou Maréchal-des-logis, & si c'est un Maréchal-des-logis en chef) *le sieur* (un tel), *pour Brigadier, pour Maréchal-des-logis ou pour Maréchal-des-logis en chef, & vous lui obéïrez en tout ce qu'il vous ordonnera, en cette qualité, pour le service du Roi.*

Si c'est un Appointé qu'on fasse reconnoître, le Lieutenant de semaine substituera à la fin de cette formule : *Vous lui obéïrez en tout ce qu'il vous commandera pour le service, quand il remplacera un Brigadier dans ses fonctions.*

21.

Réception du Trompette-brigadier.

QUAND un premier Trompette-brigadier devra être reçu, il le sera par un Adjudant à la tête des Trompettes, en présence & sous les ordres du Capitaine de police.

22. LES

22.

LES Adjudans seront reçus par le Major, à la tête des bas Officiers assemblés.

> *Nota.* Sa Majesté voulant aussi assujettir la réception des Officiers à des règles uniformes, Elle fixera ces règles dans la rédaction du Code militaire, & elles y seront insérées dans l'Ordonnance de la Hiérarchie des grades & de la nomination aux emplois.

TITRE XIII.

Des moyens & précautions à prendre contre la Désertion.

ARTICLE PREMIER.

LES Colonels & Commandans des régimens, apporteront toute la vigilance & l'attention possibles pour prévenir la désertion. Sa Majesté se fera mettre, tous les ans, sous les yeux, le tableau de la perte qu'auront faite les régimens de son armée, & témoignera son mécontentement aux Colonels des régimens dans lesquels elle aura été fréquente, puisque ce sera une marque certaine que la discipline & les soins intérieurs y sont mal observés.

Vigilance des Colonels, sur la désertion.

2.

SA MAJESTÉ voulant à la fois éclairer & animer les Colonels & Officiers supérieurs de ses régimens sur cet objet important, a fait rassembler les détails que l'expérience a fait reconnoître les meilleurs & les plus efficaces; classer ces détails, les uns en moyens intérieurs & dépendans de la police & discipline des régimens, les autres, en moyens extérieurs & dépendans, soit de la police générale des Places & du royaume pendant la paix, soit de la police des camps & des armées pendant la guerre.

Moyens de la prévenir.

En conséquence de ce classement, les premiers vont

trouver leur place dans le présent Règlement, les autres seront traités dans l'Ordonnance du service des Places & quartiers, & dans celle du service de campagne.

3.

Conduite des Officiers à l'égard des Cavaliers.

UN des premiers moyens pour prévenir la désertion, est que les bas Officiers, Brigadiers & Cavaliers, n'éprouvent jamais ni injustice, ni injures, ni mauvais traitemens de la part de leurs chefs; que, quand ils sont punis, ils sentent qu'ils le sont en vertu de la loi & non par humeur, par colère ou par caprice; que, les préférences, l'avancement & les récompenses soient toujours donnés aux meilleurs sujets; qu'on observe toujours avec soin les mauvais, & qu'on surveille particulièrement ceux qui sont indisciplinés & qui tiennent des propos contre la subordination & contre le service, parce que c'est-là ce qui seme le dégoût & ce qui porte à la désertion.

4.

Surveillance des Colonels sur la composition de leur régiment.

LES hommes suspects, les gens sans aveu, les déserteurs étant toujours ceux qui introduisent dans un régiment cet esprit funeste; & Sa Majesté ayant prévu, dans la nouvelle Ordonnance du recrutement, toutes les mesures qu'il est possible de prendre, pour ne composer les régimens que d'hommes d'une bonne espèce, Elle recommande aux Colonels de ses troupes à cheval, de s'attacher à la stricte exécution de cette Ordonnance. Ils doivent sentir de quelle conséquence est cette bonne composition dans une arme aussi précieuse, aussi chère, aussi difficile à former, & où les individus par la nature habituelle de ses quartiers, & souvent son genre de service à la guerre, sont nécessairement moins aisés à surveiller & plus abandonnés à eux-mêmes.

5.

Vigilance des Officiers & bas Officiers des compagnies.

MAIS c'est sur-tout par les soins du Commandant & des Officiers des compagnies, qui doivent connoître tous les hommes qui les composent; c'est par la vigilance infatigable des bas Officiers qui doivent les connoître encore plus particulièrement, étant dans une relation intime & perpétuelle avec eux; c'est au moyen de l'exemple & des bons propos des anciens Cavaliers & des sujets éprouvés, qu'il faut chercher à s'attacher, & auxquels il faut tâcher de faire, de cette fidélité, un devoir & un principe, qu'on peut empêcher la désertion d'avoir lieu, ou du moins de faire jamais aucun progrès sensible.

6.

LES troupes à cheval occupant souvent des quartiers ouverts, & où elles ne peuvent pas être consignées, il convient cependant que dans ces quartiers, les Commandans des régimens mettent des bornes à leur liberté; & pour cet effet, ils fixeront des limites à une plus ou moins grande proximité du quartier, suivant la confiance qu'ils auront dans le bon esprit & dans la sagesse de leur régiment, & les feront marquer par des poteaux placés sur toutes les routes.

Limites fixées dans les quartiers.

On fera connoître ces limites à tous les Cavaliers, par des promenades militaires, ou on les indiquera de manière à ce qu'aucun d'eux n'en puisse prétendre ignorance, & tout homme qui sera arrêté au-delà par les patrouilles journalières, sera consigné au quartier, pour un plus ou moindre nombre de jours, puni de coups de plat de sabre, mis à la salle de discipline ou en prison, suivant l'exigence du cas.

7.

DANS les quartiers & lieux ouverts, le Commandant du régiment prendra, autant qu'il sera possible, des mesures pour que le quartier puisse au besoin être fermé, afin de se donner par-là le moyen de pouvoir consigner les hommes dont il seroit ou mécontent ou peu sûr, ou qu'il auroit condamnés à cette punition; & de même telle ou telle escouade ou chambrée, telle ou

Les quartiers fermés.

telle compagnie, & enfin tel escadron, & la totalité du régiment quand ces punitions, soit particulières, soit générales, pourront être jugées nécessaires.

8.

DANS les places de guerre, les régimens de troupes à cheval seront soumis aux mêmes règles que les régimens d'Infanterie; & ces règles que Sa Majesté fera connoître plus particulièrement dans le service des Places, consisteront d'abord, à donner toute liberté de sortie à de certaines heures, & à moins que les Commandans des régimens n'aient des raisons particulières, pour supprimer ou restreindre passagèrement cette liberté, ce à quoi ils auront besoin d'être autorisés par le Commandant de la Place, & si cela se prolongeoit par le Chef de la division, à tout bas Officier, Brigadier, Appointé, Vétéran & double chevron, hormis ceux d'entre eux, que le Commandant du régiment aura jugé à propos de consigner, & dont il aura, dans ce cas, fait donner un état aux portes.

Secondement, à donner au reste du régiment, un certain nombre de permissions, à raison du quart, du tiers ou de la moitié des compagnies, y compris les bas Officiers, sans que cela puisse jamais en excéder la moitié, le bon ordre & les circonstances imprévues; exigeant que la moitié de la garnison reste toujours dans la Place, & puisse prendre les armes au besoin.

Ces permissions dont il sera plus amplement parlé dans la nouvelle Ordonnance du service des Places, au Titre *des moyens pour prévenir & arrêter la désertion*, & que Sa Majesté ne fait qu'indiquer ici provisoirement, pour annoncer la sage liberté qu'Elle veut qu'on donne à ses Troupes, seront imprimées & employées, ainsi qu'il sera dit dans ladite Ordonnance.

9.

LES bas Officiers & Brigadiers, auront seuls la permission de sortir des portes avec leur sabre, & ils

pourront

pourront aller au-delà des limites, à moins que ces limites ne soient sur les frontières étrangères, pour visiter les lieux suspects, & arrêter tous les Cavaliers qui s'y trouveroient, ou qui seroient au-delà desdites limites.

10.

Soit que les Troupes à cheval soient en garnison dans des Places fermées ou dans des quartiers ouverts, il y aura, tous les soirs, une ou plusieurs patrouilles de deux Cavaliers au moins, commandées par un bas Officier ou Brigadier, qui, sortant, deux heures avant la retraite, tantôt par un chemin, tantôt par un autre, feront le tour, ou une partie du tour de l'enceinte des limites, pour arrêter tout Cavalier qui seroit trouvé, soit hors de ladite enceinte, soit faisant du désordre, soit en contravention à quelqu'une des règles de police & de discipline établies.

Cette patrouille ou ces patrouilles, seront toujours armées & avec leurs armes chargées; elles partiront après avoir été inspectées par le Capitaine de police; & le bas Officier ou Brigadier qui les commandera, lui rendra compte, à son retour, de ce qui se sera passé pendant sa patrouille.

11.

Indépendamment de cette patrouille journalière, il y aura toujours sur la garde de police, un certain nombre de Cavaliers désignés, ainsi que leurs chevaux, pour servir de *patrouille* extraordinaire, à raison d'un ou plusieurs par compagnie ou escadron, suivant la disposition des écuries & le degré de réunion ou de dispersion du régiment.

Mais ces petits détachemens ne sortiront que dans le cas où un Cavalier auroit manqué à quelqu'un des appels, & particulièrement au pansage du soir, à la soupe ou à l'appel de la retraite, avec des circonstances qui pourroient le faire suspecter. Dans ce cas, ces petits détachemens iroient sur le champ à la recherche & à leur poursuite, avec une instruction du Commandant du régiment, étant toujours commandés par un Officier ou bas Officier de la compagnie dont seroit l'homme manquant.

Si plusieurs hommes de diverses compagnies manquoient à la fois, un Officier ou bas Officier de chacune de ces compagnies, sortiroit avec les patrouilles.

1 2.

LES Commandans des régimens s'assureront fréquemment de la promptitude avec laquelle ces patrouilles extraordinaires pourroient être prêtes, en les faisant monter à cheval à l'improviste, à un signal particulier, qui sera toujours un couplet du boute-selle, sonné aux deux bouts & au centre du quartier.

Les hommes désignés pour ces patrouilles, devant faire partie de la garde de police au quartier, seront par-là plus tôt prêts à monter à cheval, & toujours au quartier, sans que ce soit une augmentation de service & d'assujettissement pour le régiment.

Dans le cas où ils marcheront, ils seront remplacés à la garde de police par des hommes de leur compagnie, si on le juge nécessaire.

1 3.

LE service de ces patrouilles, soit journalières, soit extraordinaires, loin d'être pour les régimens un surcroît de fatigue, deviendra, dans les mains des Commandans des régimens qui sauront l'appliquer à l'instruction des Officiers, bas Officiers & Cavaliers, une école utile pour la guerre, & qui, sans aucune vue relative, soit à la désertion, soit à la discipline, devroit avoir lieu pour ce seul objet.

1 4.

MAIS pour que ces patrouilles ne fassent jamais ce service au hasard, & qu'elles puissent remplir avec intelligence & succès le but auquel elles sont destinées, les Commandans des régimens, à leur établissement dans une nouvelle garnison ou dans un nouveau quartier, feront toujours, avec leurs Officiers supérieurs, une reconnoissance soigneuse des environs, en observant les routes, débouchés, ponts, bacs, chemins creux, chemins de traverse, & enfin tous les points qui peuvent ou favoriser ou contrarier & retarder l'évasion des Déserteurs; & d'après cette reconnoissance, ils dresseront une ou plusieurs instructions itinéraires & détaillées à l'usage des patrouilles, & relativement aux diverses directions sur lesquelles on peut les envoyer.

Tous les Officiers & bas Officiers du régiment, feront ensuite successivement avec la patrouille journalière, les reconnoissances, telles qu'elles feront détaillées par les différentes instructions, & se mettront ainsi en état de remplir les missions qui pourroient leur être données conséquemment auxdites instructions.

1 5.

DANS les garnisons ou quartiers où il y aura plusieurs régimens, les Commandans des régimens pourront se concerter ensemble pour la marche & la direction de leurs patrouilles journalières, & même s'aider pour l'expédition de leurs patrouilles extraordinaires, afin d'embrasser plus de pays à la fois; & il est à croire qu'avec de pareilles mesures, aucun Déserteur n'échappera à la poursuite.

1 6.

MAIS outre l'avantage qui résultera de ces mesures, pour arrêter les Cavaliers qui seroient tentés de déserter, elles auront souvent celui d'en ôter la tentation.

Les Officiers & bas Officiers des compagnies, ne sauroient donc trop faire connoître aux Cavaliers, non-seulement les mesures ci-dessus & ci-après ordonnées par Sa Majesté, dans l'intérieur des régimens, contre la désertion, mais même celles que Sa Majesté se propose de prendre, tant dans les Ordonnances du service des Places, que par la nouvelle constitution & les nouvelles regles de service qu'Elle est dans l'intention d'assigner à la Maréchaussée, ainsi que par les regles de police qu'Elle veut établir au-dedans du royaume & sur ses frontières ; le résultat de ce nouvel ordre de mesures, devant être de laisser rarement le crime de la désertion impuni, & les Cavaliers qui le commettront, devant sentir qu'ils s'exposent alors, presque avec certitude, à être arrêtés.

17.

Patrouilles chargées d'arrêter les Embaucheurs.

LES patrouilles journalières auront aussi pour objet, d'arrêter les Embaucheurs ou gens suspects d'en faire le métier, & qu'on reconnoît toujours aisément, soit à leur fréquentation des cabarets & lieux où vont les Soldats, soit aussi parce qu'ils se tiennent quelquefois dans des lieux écartés & solitaires, sur les chemins de traverse, soit à leur air troublé quand on les interroge de près, à leur défaut de passeports ou de certificats, ou à l'irrégularité de ces passeports ou certificats, quand on les examine.

18.

Embaucheurs remis à la Maréchaussée.

LORSQUE les patrouilles des régimens arrêteront des hommes de ce genre, ils les remettront au Commandant de la Maréchaussée, qui les examinera avec soin, & se conduira à leur égard, ainsi qu'il lui est ou sera prescrit par l'Ordonnance qui concerne son Corps.

19.

Permissions de sortir des places, accordées aux patrouilles.

POUR que l'expédition de ces patrouilles n'éprouve jamais de retard, les Commandans des Places permettront, à l'avance, & une fois pour toutes, aux Commandans des régimens, de les faire sortir & rentrer par telle porte, à telle heure, & aussi souvent qu'ils le jugeront à propos, & cela sera formellement prescrit par la nouvelle Ordonnance du service des Places, au Titre *des mesures & moyens pour prévenir la désertion.*

20.

LA régularité des appels étant un moyen, soit de prévenir la désertion, soit d'arrêter les hommes qui auroient déserté, les Commandans des régimens ne sauroient avoir trop d'attention à monter & à surveiller cette partie de la police journalière, afin que les bas Officiers n'y apportent jamais d'indifférence, de complaisance, ni de connivence, afin qu'ils ne perdent pas un moment à informer le Capitaine de police du régiment & l'Officier de semaine, ainsi que le Commandant de leur compagnie; & afin que ceux-ci prennent sur le champ, en raison de l'espèce & de la conduite de l'homme qui aura manqué à l'appel, & des circonstances qui auront accompagné cette faute, les renseignemens, recherches, & fassent les démarches & poursuites, tant intérieures qu'extérieures, soit pour découvrir ledit homme, s'il n'est pas encore évadé, soit pour l'arrêter, s'il l'est.

21.

OUTRE les appels du matin & du soir & ceux des soupes établis ci - devant, les appels du pansage du matin étant, dans les Troupes à cheval, un moyen de plus pour s'assurer de la présence des Cavaliers, il est presque impossible qu'un homme puisse échapper assez long-temps à la vigilance des Officiers, pour que son évasion ne soit pas promptement découverte; ainsi, dans quelque circonstance que ce soit, à l'exception des cas prévus par l'article du titre IX; on ne multipliera pas les appels, qui ne serviroient qu'à fatiguer inutilement le Cavalier.

22.

LES rapports de l'appel du matin & de celui du soir, se feront par écrit, & au moyen de billets conformes au modèle annexé à la présente Ordonnance, sous le n.° 8.

Ils seront signés, celui du matin, par le Maréchal-des-logis qui aura fait l'appel; & celui du soir, par l'Officier de semaine. Ces billets seront portés au corps-de-garde de police, où l'Adjudant de semaine se trouvera pour les recevoir, & pour faire de ces billets particuliers, un billet d'appel général, qu'il portera immédiatement après au Commandant du régiment.

On rendra compte verbalement au Capitaine de police, des appels de foupe, ainfi que de ceux du panfage, & fi un Cavalier avoit manqué à un des appels intermédiaires aux deux grands appels, l'Officier de femaine en fera rendre compte fur le champ au Commandant de la compagnie, pour qu'il foit pris en conféquence les mefures néceffaires.

23.

Punition des bas Officiers, en cas de faux appel.

TOUT bas Officier ou Brigadier qui aura rendu un faux appel, fera puni fuivant l'exigence du cas, & felon ce qui en aura pu réfulter, mis en prifon & même caffé.

24.

Punition des Officiers, en cas de négligence.

TOUT Officier de femaine qui fe fera mis dans le même cas, foit en manquant de faire un des appels prefcrits, foit en le faifant négligemment, foit en ne vérifiant pas avec foin ceux des bas Officiers ou Brigadiers, fera mis aux arrêts, & même puni plus féverement, fuivant l'exigence du cas, & felon ce qui aura pu en réfulter.

25.

Punition du Cavalier qui aura favorifé un faux appel.

TOUT Cavalier, Dragon, &c. qui aura favorifé un faux appel, foit en répondant pour fon camarade, en contrefaifant fa voix, ou en affurant qu'il vient de le voir ou de lui parler, ou enfin de quelque manière que ce foit, fera configné pendant un certain nombre de jours, & puni plus fortement, fuivant l'exigence du cas.

Si ce Cavalier eft en même temps chef de chambrée ou d'ordinaire, fa faute devenant plus grave, en raifon de la confiance qu'il a dû infpirer, la punition fera proportionnée en conféquence.

26.

Précautions à prendre vis-à-vis des Recrues.

LES recrues étant ordinairement ceux qu'il importe

le plus de furveiller, fur-tout pendant la première année
de leur arrivée au régiment, foit parce qu'il peut fe trouver
parmi eux des hommes fans aveu, ou des déferteurs qui
auront trompé les mefures ordonnées aux Recruteurs,
foit parce que les jeunes gens font plus fujets à des mouvemens de dégoût & d'inconftance, & plus faciles à fe
laiffer entraîner par de mauvais confeils, on prendra
avec eux, dès qu'ils feront arrivés, les précautions fuivantes,
précautions qui ont leur propre avantage en vue, puifque
c'eft les mettre à l'abri d'un crime qui les enlève à leur
famille, fouvent à leur pays, & les dévoue prefque toujours
à une vie errante & malheureufe.

27.

ON obfervera, pour tout Cavalier de recrue arrivant
au régiment, les précautions que l'Ordonnance du recrutement indique, tant pour la vérification de fon figna-
lement, que pour la réception ou vifite de fes effets, &
enfin tout ce qui peut tendre à le faire connoître.

28.

AUCUN homme de recrue, quel qu'il foit, ne fera
difpenfé de porter, conformément à ladite Ordonnance,
fur le côté gauche de la poitrine, une marque, confiftant
dans la lettre R, & faite en drap rouge ou bleu, de
manière qu'elle tranche avec le fond de l'uniforme, & il
ne pourra la quitter que quand il fera admis à l'efcadron,
& après avoir prêté le ferment preferit à la revue finale
du Chef de divifion: une de ces deux conditions ne
fuffira pas, & il faudra qu'elles foient remplies tou tes
deux.

29.

TANT qu'un homme de recrue portera la marque
preferite ci-deffus, il fera toujours configné au quartier,
& il n'en fortira qu'accompagné d'un bas Officier, Brigadier, ou Cavalier de confiance.

Le Commandant de la compagnie désignera à cet effet, les hommes auxquels il se confie, de manière que cette assiduité ne soit pas gênante pour eux, & qu'ils puissent se transmettre ce soin de l'un à l'autre.

30.

Recrues suspectes, seront observées.

QUAND les recherches faites pour la vérification de son signalement, les informations renvoyées par le Prévôt général, & enfin d'autres preuves ou indices, auront donné quelques soupçons contre l'homme de recrue, l'on ajoutera aux précautions ci-dessus ordonnées, celles qu'on jugera convenables.

31.

Recrues à renvoyer.

SI ces renseignemens constatés, étoient de telle nature, qu'il y eût un inconvénient positif à garder l'homme au régiment, le Commandant du régiment ne balancera pas à en faire le sacrifice, les hommes de ce genre répandant toujours dans les compagnies un mauvais esprit, & finissant souvent par tromper toutes les mesures de la discipline, & par entraîner avec eux les sujets médiocres ou faciles.

32.

Comment renvoyés.

MAIS avant de se défaire d'un homme de cette espèce, le Colonel du régiment s'adressera préalablement à l'Inspecteur-divisionnnaire, en lui envoyant un rapport détaillé des motifs qui l'y déterminent, & celui-ci en rendra compte au Commandant de la division, qui approuvera ce renvoi, s'il le juge nécessaire.

D'après l'approbation du Lieutenant général, l'homme sera renvoyé avec une cartouche de réforme, où il sera noté d'homme suspect & dangereux; mais avant de l'être, le Colonel ne négligera pas de lui faire infliger une correction sévère, & connue du régiment, qui puisse à la fois le dégoûter d'aller tromper d'autres régimens,

régimens, & montrer aux Cavaliers, que Sa Majesté ne veut à son service que des Soldats honnêtes gens & fidèles.

En renvoyant l'homme, on lui laissera un mauvais habit, & on lui fera un décompte à raison de trois sous par lieue, jusqu'à trente lieues de sa garnison ou du quartier, s'il n'a pas personnellement des moyens équivalens dans cette proportion.

33.

LORSQUE les renseignemens pris sur un homme de recrue, le feront regarder seulement comme un homme suspect, mais en même temps cependant susceptible d'être plié, corrigé ou retenu par la discipline, on se bornera à le faire observer & suivre avec plus d'assiduité ; & lorsqu'il quittera la marque de recrue, on substituera à cette marque, tant qu'il continuera d'être suspect, la lettre *C*, qui voudra dire *consigné*.

Recrues suspects, auront une marque distinctive.

34.

TOUT homme ainsi désigné, continuera de ne pouvoir sortir sans être accompagné ; n'aura jamais de permission pour sortir hors des portes, si le régiment est dans une Place ou ville de guerre, n'aura ni semestre, ni congé limité, ne marchera jamais en patrouille, & ne sera posé en sentinelle ou vedette à aucun poste avancé.

Ne pourront sortir hors des portes.

35.

CETTE marque qui entraînera toujours toutes les privations prescrites ci-dessus, sera de même donnée à tout ancien Cavalier qui l'aura méritée, en se rendant suspect par quelque dérangement, mauvais propos ou autre indice de ce genre, & il la conservera jusqu'à ce que sa conduite ait effacée cette opinion.

Mêmes précautions contre les anciens Cavaliers suspects.

36.

LES marques ci-dessus désignées, seront également mises aux sartaux & aux vestes ; les Cavaliers qui y seront

Punition du Cavalier, qui sera rencontré sans la marque prescrite.

assujétis les porteront toujours dans quelque tenue qu'ils puissent être.

Tout Cavalier de recrue ou autre, qui sera rencontré sans lesdites marques, ou qui les aura détachées, sera puni de coups de plat de sabre ou mis en prison, suivant l'exigence du cas.

37.

Au moyen des mesures indiquées ci-dessus, & ajoutées à la vigilance que doivent avoir habituellement les bas Officiers & Brigadiers attachés aux escouades & subdivisions; & comme il doit être presque impossible qu'un homme de recrue ou un homme suspect échappe à tant de surveillans réunis, s'ils s'acquittent chacun de ce service avec soin, & si les Chefs d'escadrons & les Capitaines y tiennent exactement la main, Sa Majesté entend les rendre tous ensemble & solidairement responsables, de toutes les désertions qui pourroient avoir lieu dans leur escadron ou compagnie.

38.

Lorsqu'il désertera, dans une compagnie, soit en garnison, soit en route, un Cavalier, soit de recrue, soit ancien, aussitôt que la désertion aura été constatée, il sera fait par les ordres du Commandant du régiment, une retenue de cinquante livres, tant sur les appointemens de tous les Officiers de la compagnie & du Chef d'escadron, que sur la haute-paye des bas Officiers & Brigadiers; la répartition de cette retenue se fera au marc la livre, & le montant sera versé à la masse générale, tant pour la dédommager d'une partie de la perte qu'essuye cette masse, que pour servir [illisible] indiquées ci-après, & qui auront pour ob[jet] [illisible] voir ou d'arrêter la désertion.

39.

Si un homme déserte d'un [illisible], [lors]que le Commandant du régiment juge, d'[illisible] des circonstances de la désertion, que ce peut être par la faute du Commandant du poste, celui-ci sera puni d'autant de jours d'arrêt qu'il le jugera convenable; & de plus, il sera fait une retenue de vingt-cinq livres, répartie au marc la livre sur les appointemens de l'Officier, & sur la haute-paye des bas Officiers & Brigadiers de sa garde.

Cette punition & cette retenue auront toujours lieu quand le Cavalier déserté, étant, ou un homme de recrue de l'année, ou un homme désigné suspect, aura déserté d'un poste avancé ou d'une faction exposée; des hommes de ce genre ne devant point y être mis; & cette attention ne devant jamais échapper au Commandant d'une garde.

40.

DANS le cas où un homme ayant déserté, il sera vraisemblable qu'une Sentinelle voisine a pu en avoir connoissance, si c'est une Sentinelle de la garde de police du régiment, ou que le régiment soit en quartier dans une ville où il n'y a point d'État-major, elle sera relevée sur le champ & mise à la salle de discipline, pour être ensuite punie, ainsi que le Commandant du régiment l'ordonnera.

Sa Majesté s'expliquera dans la nouvelle Ordonnance du service des Places, sur la manière dont il sera usé, au cas que la Sentinelle soit d'une garde de la place, & de même dans l'Ordonnance qu'Elle rendra concernant les conseils de guerre, & les crimes & délits, sur ce qui seroit observé à l'égard des Sentinelles, que des indices plus positifs feroient soupçonner d'avoir favorisé la désertion.

41.

TOUS les hommes de garde à un poste d'où il sera déserté un Cavalier, seront consignés au quartier pendant huit jours; & il sera fait de même de tous ceux de sa chambrée, jusqu'à ce qu'on s'empare des effets de son porte-manteau.

*Compagnie
entière consignée.*

42.

LA compagnie de laquelle il désertera un homme, hors le cas de service indiqué par l'article ci-dessus, sera consignée en entier dans le quartier pendant quatre jours, & la chambrée du déserté pendant huit jours.

Pendant qu'une compagnie ou une chambrée sera consignée, toutes les permissions particulières de sortir hors de la Place, seront suspendues, même pour les bas Officiers qui ne pourront eux-mêmes sortir du quartier, que pour les objets relatifs au service.

43.

*Retenue ordonnée
dans le cas de
désertion d'un
Cavalier avec son
cheval.*

SA MAJESTÉ ne pouvant jamais admettre que dans un régiment bien discipliné, & où le présent règlement sera bien observé dans tous ses points, un Cavalier puisse déserter avec son cheval, le prix du cheval, suivant ce qui est attribué à chaque espèce de Troupes à cheval, sera retenu au marc la livre, tant sur les appointemens & hautes-payes du Chef d'escadron & des Officiers & bas Officiers de la compagnie, que sur les appointemens de tous les Officiers supérieurs présens au Corps. Le montant de cette retenue sera versé à la masse générale.

44.

*Gratifications
aux patrouilles
qui arrêteront
des déserteurs.*

LE désordre & la licence conduisant toujours à des fautes plus graves, & notamment à la désertion, les patrouilles journalières établies par l'article 10 du présent Titre, arrêteront tout bas Officier ou Cavalier qu'ils trouveront hors de la place ou du quartier, en contravention à cet égard; & dans ce cas, il leur sera payé par la masse générale trois livres par chacun des hommes arrêtés.

A l'égard des hommes qu'ils arrêteront hors des limites, il leur sera payé sur la même masse douze livres par homme; & si ces hommes arrêtés hors des limites sont en même temps convaincus par des indices certains

d'avoir

d'avoir voulu déserter, il leur sera payé vingt-cinq livres pour chacun.

Ces gratifications étant particulières aux régimens, n'ont aucun rapport avec celles qui sont établies, ou qu'il plaira à Sa Majesté d'établir à son compte par ses Ordonnances, relativement à cet objet.

45.

IL sera payé sur les fonds provenant des retenues ci-dessus établies, une gratification à toute personne qui décèlera un projet ou complot de désertion.

Cette gratification sera plus ou moins forte, suivant le nombre d'hommes compris dans le complot, & suivant aussi que le complot sera constaté. S'il y avoit plusieurs dénonciations pour le même complot, la gratification seroit partagée entre les dénonciateurs.

Les gratifications énoncées ci-dessus étant de même particulières aux régimens, seront indépendantes de celles que Sa Majesté accorde ou accordera par ses Ordonnances pour les mêmes objets.

46.

LES visites de linge & effets, étant encore un moyen propre à prévenir la désertion, les Commandans des compagnies, Officiers de semaine & bas Officiers, ne pourront y apporter trop de vigilance & d'exactitude.

A cet effet, les Maréchaux-des-logis devant avoir l'état des effets de petite monture des hommes qui composent leur subdivision, & les Brigadiers également, de ceux qui composent leur escouade; ils feront fréquemment la visite des porte-manteaux.

L'Officier de semaine fera tous les jours la visite d'un ou deux portes-manteaux par chambrée indistinctement.

Les matelas, paillasses & dessous des lits, seront aussi visités quelquefois, pour s'assurer qu'il n'y a point d'armes cachées, de cordes, outils ou instrumens suspects.

*Effets hors
de service
du Cavalier;
comment vendus.*

47.

IL sera expressément défendu aux Cavaliers de se défaire d'aucune partie de leurs effets, sous prétexte qu'ils sont hors d'état de servir, sans la permission du Maréchal-des-logis de leur subdivision, approuvée par le Commandant de la compagnie. Si cette permission est accordée, les effets seront vendus, & le montant en sera sur le champ employé à leur remplacement, ou versé à la masse particulière du Cavalier.

48.

*Effets retirés
en cas de
désertion.*

LORSQU'UN homme manquera à l'appel, si on le soupçonne déserté, le Maréchal-des-logis en chef fera porter tous ses effets dans sa chambre, il en fera l'état en présence du Maréchal-des-logis de la subdivision & du Brigadier de l'escouade.

Il portera cet état au Commandant de la compagnie, qui après l'avoir visé & signé, l'enverra au Commandant du régiment, en le faisant passer par le Chef d'escadron.

49.

*Visite confrontée
au registre
de compagnie.*

APRÈS la visite faite, cet état sera confronté au registre de la masse de la compagnie, pour connoître si tous les effets laissés par le déserté y ont été portés en bénéfice; dans le cas contraire, comme cela deviendroit une preuve, que les effets qui n'y auroient pas été portés en bénéfice, auroient été emportés par le déserteur, le Commandant du régiment ordonneroit la retenue du montant desdits effets, sur les appointemens du Capitaine ou Commandant de la compagnie, qui auroit signé un faux état.

50.

*Cabaretiers
surveillés.*

LA désertion étant enfin presque toujours provoquée ou favorisée par la facilité des cabaretiers à faire crédit, ou à donner asyle aux Embaucheurs & au libertinage, les Commandans des régimens, s'attacheront dans les garnisons & quartiers, à faire prendre connoissance de tous les lieux de ce genre, & particuliérement de ceux qui sont les plus écartés & les plus suspects, & pour cela, ils chargeront spécialement de ce détail, un Officier surnuméraire, Porte-étendard ou Porte-guidon, en y joignant un ou deux bas Officiers de choix; ces derniers seront changés toutes les semaines, de peur qu'en étant connus, cela ne nuise au succès des recherches dont ils sont chargés.

Cet Officier, ainsi que les bas Officiers qui lui seront adjoints, se procureront, & auront dans leurs mains, des Cavaliers affidés, lesquels ne seront point connus, & qui, en fréquentant les lieux publics & suspects, donneront avis de tout ce qui viendra à leur connoissance, de contraire au bien du service, & particuliérement les projets & complots de désertion; ces Cavaliers affidés seront payés par des gratifications, à raison de la vérité & de l'importance des avis qu'ils donneront, & ces gratifications seront payées de la masse générale, sur le produit des retenues énoncées dans le présent Titre.

A l'égard du Porte-étendard, Porte-guidon ou Officier surnuméraire, chargé supérieurement de ce détail, d'après le succès qu'auront en sa vigilance & son zèle, en empêchant la désertion, & en assurant la discipline; il en sera rendu compte par le Commandant du régiment au Lieutenant général de la division, à sa revue finale, & celui-ci le fera comprendre en conséquence, s'il juge qu'il l'ait mérité, dans l'état des gratifications extraordinaires, qui seront demandées à Sa Majesté, pour les Officiers du régiment, qui y auront acquis des droits.

TITRE XIV.

Des Punitions.

SA MAJESTÉ ne preſcrit ci-après, que les punitions relatives à de ſimples fautes de ſervice & de diſcipline, du genre de celles qui peuvent être ordonnées par le Commandant du Corps; les autres fautes qui, étant plus graves, prennent le nom de crimes ou délits, & entraînent des punitions qui ne ſont pas à la diſpoſition des Commandans des régimens, ſeront traitées dans l'Ordonnance de ce nom, que Sa Majeſté rendra par la ſuite, ainſi que les formes de Conſeils, de réquiſitions, procédures, informations, jugemens & exécutions qui y auront rapport.

Des Punitions des Officiers.

ARTICLE PREMIER.

Diſtinction des punitions. LES punitions que Sa Majeſté fixe pour toutes les fautes de ſervice, police & diſcipline, que commettront les Officiers, d'après la diſtinction établie ci-deſſus, ſeront de deux ſortes, les arrêts & la priſon.

2.

Diſtinction des arrêts. LES arrêts ſeront diſtingués en arrêts, dit *ſimples*, & en arrêts, dits de *rigueur*.

3.

Arrêts ſimples. DANS le premier cas, l'Officier ſera aux arrêts chez lui, & il n'en ſortira que pour ſe trouver à tous les exercices & faire ſon ſervice; mais il ne pourra recevoir chez lui aucune viſite, excepté celle des Officiers de ſa compagnie.

4.

Par qui ordonnés. CE genre d'arrêts pourra être ordonné, non-ſeulement par

par le Commandant du régiment, à tous les Officiers du régiment, mais encore par tout grade supérieur, à ceux qui lui sont inférieurs ou qui seront moins anciens que lui dans ledit grade, à l'exception des Lieutenans, à moins que ces derniers ne se trouvent commander leur compagnie, ou un détachement dans lequel ils auroient des Officiers d'un grade inférieur à eux, ou moins anciens qu'eux, dans lequel cas ils auront le même droit envers les Lieutenans & Sous-lieutenans à leurs ordres, que s'ils étoient Capitaines.

5.

Aucun Officier ne pourra toutefois ordonner ce genre d'arrêts à un Officier qui lui sera inférieur, sans en rendre compte sur le champ au Commandant du régiment, en lui motivant les raisons de la punition qu'il aura ordonnée, & ce ne sera que dans le cas d'une injustice constatée avec la dernière évidence, que celui-ci pourra la suspendre ou la faire cesser.

6.

Hors ce cas le Commandant du régiment confirmera toujours la punition, & il l'aggravera, s'il ne trouve pas la faute suffisamment punie.

Il ne fera sortir des arrêts, l'Officier qui y aura été mis, que sur la demande de l'Officier qui les lui aura ordonnés, à moins que celui-ci, par humeur & avec injustice, ne prolongeât la punition au-delà de ce que la faute mérite; auquel cas, sans compromettre la discipline, & en lui remontrant en particulier l'abus qu'il fait de son autorité, il lui ordonnera de faire cesser les arrêts.

7.

Tout Officier qui mettra aux arrêts un Officier qui lui sera inférieur en grade, ou qu'il commandera, quoique du même grade, pourra les lui ordonner lui-même, soit de vive voix, soit par un ordre signé : il fera cesser les arrêts dans la même forme.

8.

TOUT ordre, soit pour mettre un Officier aux arrêts, soit pour le faire sortir, quand il sera par écrit, sera cacheté, & pourra dans ce cas, être envoyé par un Adjudant ou bas Officier.

Quand cet ordre ne sera pas par écrit, il sera toujours porté à l'Officier puni, par un Officier supérieur en grade au sien.

9.

TOUT Officier mis aux arrêts, se présentera en en sortant, à l'Officier qui l'y aura mis, chez lui ou ailleurs; si l'Officier sortant des arrêts ne rend pas cet hommage à son Chef & à la discipline, avec la déférence convenable, l'Officier qui l'aura mis aux arrêts, l'y fera rentrer.

10.

SA MAJESTÉ étant informée que dans la plupart de ses régimens, la discipline & la subordination ne sont pas assez positivement établies entre les Officiers des compagnies & les Capitaines, & sentant combien la discipline qui ne part pas de cette base, pour remonter ensuite de grade en grade jusqu'au premier Chef, est imparfaite & vicieuse, Elle renouvelle ici aux Commandans & Officiers supérieurs de ses régimens, l'intention qu'Elle a énoncée au Titre II du présent règlement, & leur ordonne très-expressément d'établir cette discipline graduelle, & pour cela, non-seulement de faire toujours passer par les Capitaines des compagnies, les ordres de punitions qu'ils donneront aux Officiers desdites compagnies, ainsi que celui de la cessation des punitions; mais encore d'exiger que les Capitaines punissent par eux-mêmes & de leur ordre direct, toutes les fautes dont ils seront ou témoins ou informés, & pour s'en assurer, ils les rendront responsables de toutes les fautes de leurs subordonnés, & les en puniront eux-mêmes, lorsqu'en ayant été ou ayant dû en être informés, ils ne les auront pas punies.

LES arrêts de rigueur seront marqués par une Sentinelle
à la porte de la maison ou de la chambre de l'Officier
qui y sera mis.

12.

LES arrêts de rigueur seront appliqués à des fautes de
service ou de discipline, plus graves que les premières, ou
qui étant récidivées, nécessiteroient par-là une punition
plus forte. Ils ne pourront être ordonnés que par le
Commandant du régiment, ou par tout Officier commandant une partie du régiment, ou un détachement
quelconque, à une distance qui ne lui permettroit pas
de recourir assez promptement à l'autorité du Commandant du régiment, & où le service & la discipline pourroient en souffrir; car dans le cas où il en seroit à portée,
il se contenteroit de mettre l'Officier aux simples arrêts,
& de demander au Commandant du régiment ses ordres
ultérieurs.

13.

TOUT Officier mis aux arrêts de rigueur, sera suspendu
de toutes ses fonctions de service, tant au dedans qu'au
dehors du régiment, & il ne recevra chez lui aucune
visite de quelque nature qu'elle soit.

14.

LORSQUE le régiment sera en route ou en marche,
les Officiers détenus aux arrêts simples, n'étant point
suspendus de leurs fonctions, marcheront avec leurs
compagnies; ceux qui seront aux arrêts de rigueur, ne
devant faire aucun service, marcheront à la garde de
police.

15.

LA punition de la prison devant être considérée comme
au-dessus de celle des arrêts, & appliquée en conséquence à des fautes plus graves, les Officiers qui la

mériteront, y feront mis, fuivant l'exigence du cas, foit dans les prifons deſtinées aux Officiers, & dépendantes des places où les régimens feront en garnifon, & lorſqu'il n'y aura pas de prifon, dans une chambre de la caſerne, qui fera deſtinée au befoin à en tenir lieu, & dont la clef fera alors confignée au bas Officier de la garde de police, foit dans les citadelles, forts ou châteaux de la province ou des provinces les plus voiſines.

La punition de prifon dans les prifons des places ou dans une chambre de la caſerne, ne pourra être ordonnée que par le Commandant du régiment, le Commandant de la brigade ou de la place, l'Inſpecteur-diviſionnaire, le Commandant de la diviſion & le Commandant de la province.

A l'égard de la prifon dans une citadelle, fort ou château, il fera néceſſaire que la permiſſion en foit demandée au Secrétaire d'État du département de la guerre, qui prendra à cet égard les ordres de Sa Majeſté, & expédiera en conféquence un ordre de Sa Majeſté au Commandant de la citadelle, fort ou château, pour le recevoir, en ſpécifiant, d'après la demande qui en aura été faite par l'Officier ſupérieur ou général, fuivant la nature de la faute, ſi l'Officier devra être ſtrictement en prifon, ou s'il devra avoir pour prifon la citadelle, fort ou château.

Ces demandes de confirmation de punition, & d'un ordre du Roi en conféquence, paſſeront par les Commandans des provinces, quand ils feront préfens.

Les Officiers pour lefquels on en fera la demande, feront mis en attendant l'expédition, aux arrêts de rigueur.

16.

TOUT Officier mis en prifon, de quelque nature qu'elle foit, remettra ou fera remettre fon épée entre les mains du Commandant de la place, fort ou château où il fera détenu; s'il n'y a pas d'État-major de place,

& que

& que ce soit une chambre de caserne qui en tienne lieu, elle sera portée chez le Commandant du régiment.

Tout Officier en prison sera tenu de rendre sur son premier semestre, le temps qu'il aura passé en prison.

S'il est enfermé pour dettes, la moitié de ses appointemens sera employée à sa nourriture & à son entretien, & l'autre, retenue par le Conseil d'administration pour être appliquée au payement de ses créanciers.

17.

La punition des arrêts simples, étant en quelque sorte une punition intérieure & sans évidence, & qui d'ailleurs ne suspend pas un Officier de ses fonctions, le Commandant du régiment n'en devra compte au Commandant de la place, qu'autant que l'Officier y auroit été mis pour le service de la place, ou pour quelque chose qui intéresseroit la police publique.

Compte des punitions d'arrêts, rendu au Commandant de la place.

A l'égard de la punition des arrêts de rigueur, cette punition étant évidente, à cause de la Sentinelle qui la désigne, & de la suspension que cette punition entraîne dans toutes les fonctions de l'Officier qui la subit, le Commandant du régiment en devra compte, dans tous les cas, au Commandant de la place.

18.

Dans le cas où le Commandant du régiment, conformément à l'article précédent, ne devra pas compte au Commandant de la place, d'avoir mis un Officier aux arrêts simples, il ne sera pas tenu, lorsqu'il voudra les faire cesser, de lui en demander la permission.

Même compte pour les lever.

Par la même raison, dans le cas où il lui devra compte d'avoir mis un Officier aux arrêts, quoique simples, il devra aussi lui demander la permission de les faire cesser.

19.

Tout ce qui tient à la discipline & police intérieure du régiment, devant être à la connoissance des Officiers

Compte à rendre au Commandant de brigade.

généraux divisionnaires, le Commandant du régiment rendra compte au Maréchal-de-camp commandant la brigade, quand il sera présent à la division, même des simples arrêts.

20.

LES arrêts, soit simples, soit de rigueur, auront de même lieu, si le cas y échoit, envers les Officiers supérieurs du régiment de la part du Commandant dudit régiment ; mais les Officiers supérieurs ne pourront ordonner à ceux des Officiers supérieurs qui sont au-dessous d'eux, que les arrêts simples, & ceux de rigueur resteront à la disposition du seul Commandant du régiment.

21.

LES Commandans des Places, pourront ordonner à tous les Officiers des régimens qui y tiendront garnison, les arrêts, soit simples, soit de rigueur, soit même la prison, & ils en rendront compte immédiatement après au Commandant de la province.

22.

LES Maréchaux-de-camp divisionnaires, ne pourront ordonner aux Colonels des régimens, que les arrêts simples, & ils prendront les ordres du Commandant de la division, s'ils jugent qu'ils ont mérité la punition des arrêts de rigueur ; & de même, s'ils jugeoient que la punition de la prison dût leur être ordonnée.

Des Punitions des bas Officiers & Brigadiers.

23.

LES fautes que commettront les bas Officiers & Brigadiers, seront punies de différentes manières, suivant la nature des fautes.

24.

LES fautes légères de tenue, soit personnelles, soit relatives à leurs subdivisions ou escouades, seront punies par la consigne au quartier.

Les bas Officiers ou Brigadiers ainsi consignés, ne

seront dispensés d'aucun service, tant intérieur qu'extérieur; cette punition sera prolongée un ou plusieurs jours, suivant les circonstances.

Les fautes contre le service des Places, ou la discipline intérieure des régimens, devant être considérées comme plus graves, seront punies suivant leur degré, par la salle de discipline ou par la prison.

Les motifs & la nature des punitions seront enregistrés avec leur date dans le livre des punitions du régiment.

25.

TOUT bas Officier ou Brigadier mis à la salle de discipline, y conservera l'habit & les marques de son grade, mais y sera sans arme & en bonnet de police.

Il sera suspendu de tout service intérieur dans le régiment, exercera au peloton d'instruction à pied, & sera seulement commandé pour le service extérieur, s'il y en a.

Sa haute-paye entière & un sou sur sa paye lui seront retenus pendant tout le temps qu'il sera à la salle de discipline, & versés à la masse de compagnie, conformément à l'Ordonnance d'Administration.

26.

TOUT bas Officier ou Brigadier mis en prison, y sera en veste & en bonnet, ne fera aucun service, soit intérieur ou extérieur, sera au pain & à l'eau, & perdra de même, pendant sa détention, sa haute-paye entière & un sou de sa paye, qui seront versés à la masse de compagnie, conformément à ladite Ordonnance.

27.

LA police des prisons & salles de discipline, sera uniforme dans tous les régimens, & plus amplement traitée ci-après.

28.

AUCUN bas Officier ou Brigadier ne sera mis au cachot que dans le cas d'un délit, qui le seroit ensuite passer à un Conseil de guerre; & dans ce cas, il y sera au pain & à l'eau, & le surplus de sa paye, les frais de pain, paille & géolage déduits, sera versé en entier à la masse de compagnie.

29.

Autres punitions pour les bas Officiers & Brigadiers.

LES bas Officiers pourront aussi, relativement à diverses espèces & degrés de faute, subir les punitions suivantes; savoir, être suspendus un temps limité des fonctions de leur grade, pour remplir celles du grade inférieur; être cassés pour descendre au grade de Brigadier; être cassés & remis à leur rang de Cavalier : & enfin être cassés & mis à la queue de la compagnie.

Les Brigadiers pourront de même être suspendus pour un temps de leurs fonctions, être cassés & remis à leur rang de Cavalier ou à la queue de la compagnie.

30.

Cassé des bas Officiers.

TOUT bas Officier qui se sera mis deux fois dans le cas d'être suspendu des fonctions de son grade pour un temps limité, sera cassé pour la troisième fois.

Si, en étant cassé, un bas Officier est conservé Brigadier, il remplacera le Brigadier qui sera fait bas Officier à sa place.

Si, en étant cassé, il est remis Cavalier, sans perdre son rang, il restera dans sa compagnie, y reprendra le rang d'ancienneté qu'il y avoit comme Cavalier; & si ce rang le mettoit dans le cas d'être Appointé, il le deviendra à la première place vacante;

Mais si, en étant cassé, & redevenant Cavalier, sa faute a été assez grave pour qu'on y ajoute la punition de lui faire perdre son rang, dans ce cas, il sera mis à la queue de sa compagnie, ou d'une autre compagnie, si le Commandant le juge à propos.

31.

Cassé des Brigadiers.

IL en sera usé de même pour un Brigadier, quand il sera cassé ou remis Cavalier sans perdre son rang, ou cassé

& remis

& remis à la queue de sa compagnie, ou d'une autre compagnie.

32.

LORSQU'UN Maréchal-des-logis en chef sera suspendu de ses fonctions, pour un temps limité, il fera le service du Maréchal-des-logis que le Commandant de la compagnie aura, avec l'approbation du Chef d'escadron & du Commandant du régiment, désigné dans sa compagnie pour le remplacer dans lesdites fonctions; sa haute-paye de Maréchal-des-logis en chef, passera moitié au Maréchal-des-logis ordinaire qui le remplacera & moitié à la masse de compagnie; il ne touchera, pendant tout le temps qu'il sera suspendu, que celle du Maréchal-des-logis qui l'aura remplacé.

33.

LORSQU'UN Maréchal-des-logis sera suspendu de ses fonctions, il ne fera plus que le service du Brigadier de la compagnie que le Commandant de ladite compagnie aura désigné pour le remplacer; sa haute-paye aura la même destination réglée par l'article ci-dessus, de manière qu'il ne touche que la paye de Brigadier.

34.

TOUT Brigadier suspendu de ses fonctions, fera de même le service de l'Appointé qui le remplacera, & sa haute-paye passera, moitié en supplément audit Appointé, & moitié à la masse de compagnie.

35.

UN Appointé, soit négligent, soit mal tenu, soit de mauvais exemple, pourra, indépendamment des punitions affectées au Cavalier, qui lui seront communes, être cassé & remis, soit au centre de la compagnie, soit à la queue de la compagnie, suivant le degré de la faute qu'il aura commise.

G g

Marques distinctives conservées aux bas Officiers & Brigadiers suspendus.

36.

LES bas Officiers & Brigadiers, simplement suspendus de leurs fonctions, continueront de porter les marques distinctives de leur grade ; en sorte que les Brigadiers & Cavaliers pour les uns, & les Cavaliers pour les autres, continuent d'avoir pour eux la même déférence, à la portion d'autorité près, dont ils sont déchus par la suspension de leurs fonctions.

37.

Bas Officiers & Brigadiers, par qui punis.

LES Lieutenans & Sous-lieutenans ne pourront punir les bas Officiers & Brigadiers, qu'en les consignant ou les mettant à la salle de discipline ;

Les Capitaines pourront, de plus, mettre en prison, ceux de leur compagnie seulement.

Le Chef d'escadron aura le droit de suspendre dans leurs fonctions, ceux de son escadron seulement ;

Le pouvoir de les casser, appartiendra au seul Colonel du régiment.

Lorsqu'un Lieutenant commandera la compagnie, il pourra toutefois mettre les bas Officiers en prison, ainsi que l'auroit pu faire le Capitaine : le Capitaine qui commandera l'escadron, en l'absence du Chef de cet escadron, pourra de même suspendre un bas Officier ou Brigadier, de ses fonctions ; &, enfin, tout Officier supérieur commandant le régiment, pourra casser des bas Officiers ou Brigadiers : l'intention de Sa Majesté étant toujours, que tout Officier qui remplace l'Officier qui est au-dessus de lui, dans ses fonctions, devenant responsable comme lui, ait dans la main les mêmes moyens d'autorité & de discipline.

38.

Suspension ou casse annoncées.

POUR suspendre un Maréchal-des-logis ou Brigadier, de ses fonctions, pendant un temps déterminé, il suffira de l'annoncer à l'ordre du régiment & au cercle particulier d'ordre de la compagnie ; mais la casse emportant la deſtitution abſolue du grade, elle ſera prononcée à la tête de la compagnie ou de la troupe, dans la forme ci-après ordonnée.

39.

LORSQU'ON annoncera à l'ordre du régiment & au cercle d'ordre particulier de la compagnie, qu'un bas Officier ou Brigadier eſt ſuſpendu de ſes fonctions, on ſpécifiera toujours pour quel motif cette punition eſt faite, & le temps qu'elle doit durer.

Lorſqu'on devra caſſer un bas Officier ou Brigadier, il ſera conduit par un détachement de la garde de police à la tête de la compagnie ou de la troupe; l'Officier qui devra le faire caſſer, & qui ſera du même grade que celui qui aura fait la réception, mettra l'épée à la main, & dira à haute voix : *de par le Roi, bas Officiers, Brigadiers & Cavaliers* (ſi c'eſt un Maréchal-des-logis en chef qu'on caſſe), *vous ne reconnoîtrez plus le nommé un tel pour Maréchal-des-logis en chef, attendu qu'il a mérité par ſa conduite, de redeſcendre au grade de   ayant commis telle ou telle faute :* il en ſera uſé de même pour un Maréchal-des-logis, Brigadier ou Appointé.

Le détachement de la garde de police le reconduira enſuite à la ſalle de diſcipline, où il paſſera au moins la nuit.

40.

LES Adjudans ſeront, ſuivant la nature & le degré de leurs fautes, conſignés au quartier, mis aux arrêts dans leur chambre, mis en priſon, ſuſpendus de leurs fonctions pendant un temps limité, deſtitués de leur emploi & remis bas Officiers, ou enfin caſſés, & alors replacés comme ſimples Cavaliers dans une compagnie.

41.

LORSQU'ILS ſeront mis en priſon, ils le ſeront dans une priſon ſéparée & ſans communication avec les Cavaliers & bas Officiers.

Quand ils feront fufpendus pour un temps limité, de leurs fonctions, ils y feront remplacés par un bas Officier, au choix du Commandant du régiment, & duquel ils feront le fervice, & dans ce cas on leur retiendra un quart de leur paye qui fera ajouté en fupplément à celle du bas Officier qui les remplacera.

Quand ils feront deftitués & remis bas Officiers, cela fera annoncé à l'ordre, & lorfqu'ils feront caffés, ils le feront à la tête des bas Officiers & par le Major du régiment, dans la forme prefcrite ci-deffus pour les bas Officiers ; mais quand le Colonel fera abfent, ils ne pourront l'être que par fon ordre exprès.

<h3 style="text-align:center">42.</h3>

Regiftre des punitions.

IL fera tenu par les foins du Commandant du régiment, un regiftre où feront enregiftrées toutes les punitions des Adjudans, bas Officiers, Brigadiers & Appointés, en y fpécifiant l'efpèce de punition, le motif & la date. Ce regiftre qui reftera dépofé entre les mains du Commandant du régiment, fervira à affermir l'opinion qu'on devra avoir de chacun d'eux, & la conduite à tenir en conféquence à leur égard.

Punitions des Cavaliers.

<h3 style="text-align:center">43.</h3>

Différentes natures de punition.

LES punitions des Cavaliers feront :

La configne au quartier,

La configne à la chambre,

La garde aux écuries,

La falle de difcipline,

Les coups de plat de fabre.

Sa Majefté défend expreffément toutes les punitions nuifibles à la fanté, tels que le piquet, le redoublement des gardes, les exercices extraordinaires, &c.

La prifon fera permife, mais rarement & feulement dans des cas graves.

Le cachot n'aura lieu que pour les criminels.

Sa Majefté

Sa Majesté détaillera ci-après ces divers genres de punitions; Elle n'a pas jugé d'ailleurs devoir indiquer avec précision les différens cas auxquels elles seroient applicables, les fautes étant modifiées à l'infini par les circonstances locales ou personnelles qui les accompagnent, & les tarifs annonçant plutôt l'insuffisance des vues du Législateur que sa prévoyance, Elle se bornera donc à donner des indications générales que l'intelligence des Commandans de régiment devra remplir, & que la prudence & la sagesse des Officiers généraux employés près de ses Troupes devra surveiller.

44.

TOUT Cavalier consigné au quartier ne sera dispensé d'aucun service, soit au dedans, soit au dehors du régiment; il portera, tant que sa punition durera, la lettre *C*, en drap rouge ou bleu, suivant la couleur du fond de l'uniforme, attachée sur la poitrine, & fera toutes les corvées du dehors des chambres, c'est-à-dire des escaliers, des corridors, de la cour, &c.

Consigne au quartier.

45.

TOUT homme consigné à la chambre ne sera de même dispensé d'aucun service, soit au dedans, soit au dehors du régiment, portera de même la lettre *C*, & sera toutes les corvées du dedans, telles que balayage des chambres, sciage ou portage de bois, nettoyage des habits & armes des absens ou servans à l'hôpital, corvées de magasins du régiment & autres de ce genre dans les bâtimens du quartier.

Consigne dans la chambre.

Salles de Discipline.

46.

LES salles de discipline seront toujours dans le quartier & sous la surveillance du Commandant de la garde du quartier, qui répondra de l'ordre & de la discipline qui y seront observés.

Leur police.

H h

*Nombre
de salles.*

47.

IL y aura plusieurs chambres, suivant leur grandeur, & toujours au moins deux, dont l'une destinée aux bas-Officiers : quand il sera possible, on en donnera une aux Brigadiers.

48.

Comment tenues.

LES salles de discipline seront toujours fermées à clef, & les fenêtres seront grillées de barreaux.

Les clefs seront déposées entre les mains du bas Officier commandant la garde de police.

Il y aura dans chaque chambre un lit-de-camp en bois, pareil à ceux des corps-de-garde, avec plusieurs paillasses & couvertures, à raison d'une par chaque homme, un ou deux bancs, une table, un baquet & une cruche.

Ces effets seront pris, les uns sur le complet des fournitures du régiment, & les autres sur les fonds de la masse générale.

La paille sera renouvelée dans les paillasses, tous les deux mois quand elles seront occupées, & plus tard quand elles ne le seront pas; elle sera prise sur celle qui revient au régiment, & précomptée sur celle qui diot être renouvelée tous les six mois.

49.

*Nourriture
des Cavaliers,
à la salle
de discipline.*

CHAQUE homme détenu à la salle de discipline, recevra sa ration de pain; son ordinaire, auquel sa paye demeurera abandonnée, lui enverra en outre la soupe sans viande, riz ni légumes; le Maréchal-des-logis de police visitera les pots dans lesquels on la portera, & en sera responsable.

50.

*Nourriture des
bas Officiers
& Brigadiers.*

LES bas Officiers & Brigadiers détenus à la salle de discipline, seront de même réduits à la seule nourriture du pain, avec le même supplément.

TITRE XIV.

*Bas Officiers
& Cavaliers,
exercés
au peloton
d'instruction.*

51.

Les Cavaliers enfermés à la falle de difcipline, feront régulièrement exercés au peloton d'inftruction.

Il en fera de même des bas Officiers & Brigadiers :

52.

Vifite des falles.

Le Capitaine de police vifitera, une fois par jour au moins, les falles de difcipline; le Commandant de la garde de police les vifitera deux fois.

Les Officiers fupérieurs ne négligeront pas d'en faire auffi quelquefois la vifite.

Des Coups de plat de fabre.

53.

*Cette punition
aura lieu dans
toutes les troupes.*

Sa Majesté entend que cette punition, qui joint à l'avantage d'un effet prompt, & d'un ufage facile pour la difcipline dans les camps & dans les armées, celui de n'être ni nuifible ni flétriffant, ait lieu dans toutes fes Troupes, de quelqu'arme qu'elles foient, & Elle en rend les Commandans de fes provinces, de fes divifions, de fes Places & de fes régimens, refponfables, chacun en ce qui les concerne.

54.

Quand ordonnée.

Mais en confirmant cette punition, & en voulant qu'elle foit d'un ufage général dans les Troupes, Sa Majefté ne veut point qu'elle foit appliquée aux fautes légères, pour lefquelles Elle a indiqué ci-deffus des punitions qui leur font fpécialement deftinées.

L'ufage des coups de plat de fabre, doit être réfervé pour toutes les fautes de défobéiffance, d'infubordination, de mauvais propos, de querelle grave avec d'autres Soldats, de défordres publics ou d'oppreffion envers les habitans.

Cette punition ne fera employée dans les fautes légères, telles que tenue, manquement à l'exercice ou à l'ordre journalier, que quand il y aura récidive habituelle, qui

Comment infligée.

prouvera une mauvaise volonté, ou une affirmation déterminée d'indiscipline.

55.

LES coups de plat de sabre ne seront jamais donnés autrement que sur les fesses, & dans la salle de discipline, l'homme condamné à les recevoir, étant à cet effet couché sur le ventre, & alongé sur une botte de paille & sur le lit-de-camp.

Cette punition sera toujours infligée, une heure avant la retraite, par le Brigadier de semaine, en présence de l'Officier de semaine & du Capitaine de police. Si l'homme qui doit les recevoir n'est pas détenu à la salle de discipline, il y sera mené à cet effet & y passera la nuit, pour en sortir le lendemain, si sa faute n'a pas mérité qu'on l'y laisse plus long-temps.

56.

Punition publique.

DANS le cas toutefois où un Cavalier auroit violé la discipline par un acte ou par un propos public de désobéissance ou de mutinerie, ou troublé l'ordre civil, par un tapage scandaleux, sa faute devant être expiée avec le même éclat, cette punition lui sera infligée dehors, soit à l'heure des appels, soit à l'heure de l'inspection de la garde. L'homme sera ramené à la salle de discipline après la punition & y restera vingt-quatre heures au moins.

57.

Par qui infligée.

LES coups de plat de sabre seront toujours donnés par le Brigadier de semaine.

58.

Nombre de coups réglé.

IL ne sera jamais donné plus de vingt-cinq coups de plat de sabre à la fois, & on ne pourra répéter la même correction que le lendemain.

59.

Par qui ordonné.

LES bas Officiers ne pourront jamais, de leur propre autorité,

autorité, donner ni faire donner des coups de plat de sabre.

Les Lieutenans & Sous-lieutenans n'en pourront ordonner que jusqu'à dix, les Capitaines jusqu'à vingt, les Chefs d'escadron & Officiers supérieurs non commandant les régimens, jusqu'à vingt-cinq.

Les Commandans des régimens pourront seuls faire répéter ce nombre deux ou plusieurs jours de suite.

60.

LA punition des coups de plat de sabre ne sera jamais appliquée aux fautes relatives au service des Places, & en conséquence elle ne pourra jamais être ordonnée par les États-majors, mais elle le sera par les Officiers généraux attachés aux Troupes, toutes les fois qu'ils la jugeront nécessaire.

Ne pourra
l'être par les
États-majors
des Places.

De la prison.

61.

LES bas Officiers, Brigadiers & Cavaliers condamnés à la prison, y seront au pain & à l'eau, & couchés sur la paille.

Nourriture.

On ne leur portera point de soupe, & il leur sera fourni en supplément à leur ration, une demi-livre de pain, laquelle sera payée sur leur solde, après en avoir prélevé la somme qui devra être versée à la masse de compagnie, conformément à l'Ordonnance d'Administration.

62.

LES bas Officiers seront, même en prison, séparés des Cavaliers, & il en sera usé pour leur haute-paye, ainsi qu'il a été réglé par l'Ordonnance susdite.

Les
bas Officiers
séparés.

63.

IL sera fourni par le Concierge à tout homme qui entrera en prison, douze livres de paille neuve; cette

Tonte
des prisons.

quantité sera mise par-dessus l'ancienne qu'on n'ôtera que quand elle sera hors d'état de servir.

Si le prisonnier y reste au-delà de quinze jours, on lui renouvellera sa paille dans la même quantité.

Les Geoliers seront tenus d'entretenir la propreté dans les prisons, & d'y fournir aux prisonniers de l'eau fraîche & de bonne qualité.

Il sera payé aux Geoliers, tant pour la paille que pour leurs soins, six liards par jour par Cavalier, & trois sous par bas Officier : cette somme sera prélevée sur le restant de leur solde.

64.

Mêmes règles pour les prisons des places.

LES règles ci-dessus seront observées dans les prisons des places & villes de guerre, & autres prisons où on admettra des Cavaliers, & seront en conséquence insérées dans les nouvelles Ordonnances que Sa Majesté rendra à cet égard.

65.

Geoliers responsables de leurs prisonniers.

LES Geoliers seront responsables de la sûreté des prisonniers qui leur seront confiés, leur devoir étant de demander à cet effet les précautions ou la main-forte qui leur seront nécessaires.

66.

Punition de prison, fort rare.

MALGRÉ les soins prescrits ci-dessus par Sa Majesté pour la propreté des prisonniers, les prisons étant toujours mal-saines, & plus propres à corrompre les hommes qu'à les corriger, les Commandans des régimens n'y mettront de Cavaliers & de bas Officiers que pour des fautes très-graves, & que les autres punitions n'auroient pu amender.

Ils éviteront encore avec plus de soin de mettre les hommes au cachot, qui manque presque toujours d'air & de sécheresse; & ce ne sera qu'à la dernière extrémité & sur des indices de crime.

Les Commandans des compagnies inscriront soigneusement, sur leur regiſtre de compagnie, toutes les punitions, avec la date, l'eſpèce, les motifs & les circonſtances.

Ce regiſtre ſera viſé tous les mois par les Chefs d'eſcadron, & les Commandans des régimens ſe les feront quelquefois repréſenter, pour s'aſſurer de ſon exactitude.

TITRE XV.

Des moyens d'aſſurer l'exécution du préſent Règlement.

Sa Majeſté étant convaincue que ce n'eſt que par l'exacte & continuelle exécution de l'enſemble des détails qui compoſent le préſent Règlement, qu'Elle peut porter & maintenir dans tous les régimens de Troupes à cheval la perfection & l'uniformité de diſcipline deſirable : & ſentant en même temps que cette exacte & continuelle exécution, qui finit par imprimer aux régimens l'eſprit, l'habitude & le goût de l'ordre & de la règle, ne peut s'aſſurer que par des formes & des méthodes invariables, tant dans les ordres donnés que dans les rapports, demandes & moyens de ſurveillance ; Elle a jugé qu'il étoit néceſſaire de fixer ces formes & méthodes, & que leur place naturelle étoit dans le dernier Titre de ce Règlement ;

ARTICLE PREMIER.

Tous les rapports du mouvement journalier du régiment, auront pour baſe & pour pièce élémentaire la feuille qui a été établie n.° *1*, dans l'Inſtruction arrêtée par Sa Majeſté, concernant les rapports & la correſpondance des Troupes, & qui, dans la rédaction du Code, ſera annexée à la préſente Ordonnance.

Feuille de rapport par compagnie.

2.

Cette feuille, tenue par le Maréchal-des-logis en chef, ſera renouvelée tous les mois, & viſée chaque jour

Quand renouvelée.

par les Capitaines ou Commandans des compagnies à la
case indiquée; elle aura pour objet, au moyen des
enregiſtremens des mutations journalières, qui y ſeront
faits avec exactitude, de ſervir à aſſurer la juſteſſe de
tous les rapports & l'état de ſituation du régiment.

3.

Rapport journalier.

LES Maréchaux-des-logis en chef ſe rendront tous
les jours, après le panſage du matin, munis de cette
feuille, chez l'Adjudant du régiment chargé du rapport
journalier; celui-ci recevra le rapport des vingt-quatre
heures de chaque compagnie, & ſera faire dans le bureau
du Quartier-maître, de tous ces rapports réunis, un
rapport général, lequel ſera conforme au modèle qui a
été annexé, ſous le *n.°* 2, à l'Inſtruction concernant les
rapports & la correſpondance, & qui, dans la rédaction
du code, rentrera à la ſuite de la préſente Ordonnance,
à laquelle il eſt plus naturellement relatif.

L'Adjudant ſignera le rapport ci-deſſus, & le remettra
au Major en ſecond, ou à ſon défaut au dernier Officier
ſupérieur.

4.

Cas de ſéparation.

SI le régiment ſe trouve ſéparé en pluſieurs quartiers
ou logemens, de manière à pouvoir ſe correſpondre aſſez
promptement, pour que les rapports particuliers des parties
détachées puiſſent être inſérés dans le rapport général;
le Commandant du régiment donnera ſes ordres en
conſéquence.

5.

Rapport aux Officiers ſupérieurs.

LE Major en ſecond remplira lui-même les notes qui ſe
trouvent derrière ledit état, ſous le titre de *détail du rapport*, d'après les comptes qui lui auront été rendus par écrit
par les Commandans des compagnies, dans la forme ſui-
vante; enſuite il l'enverra, ſigné de lui, au Major, & celui-
ci au Lieutenant-colonel qui le remettra au Colonel.

6.

Billet de rapport des Capitaines.

LE Capitaine remplira de ſa main & dans les caſes

ou

ou places marquées pour chaque objet, conformément au modèle n.° *9*, le billet de rapport journalier; s'il y a des demandes à faire, soit pour les Officiers, bas Officiers ou Cavaliers de sa compagnie, il les ajoutera au bas dudit rapport, en les motivant.

Ces demandes seront visées & apostillées par le Chef d'escadron, auquel le Capitaine enverra, à cet effet, son rapport par le Maréchal-des-logis en chef, qui le portera ensuite au Major en second.

7.

Relevé des billets de rapport.

LE Major en second fera le relevé de ces demandes, & les enregistrera dans la feuille du rapport journalier, à la case tracée à cet effet, & il fera passer, suivant ce qui a été dit à l'*article 5*, le rapport au Major, d'où il parviendra, par le Lieutenant-colonel, au Colonel.

8.

Réponse aux demandes des Capitaines, en cas de parade.

QUAND il y aura parade, ce sera à la parade, où tous les Officiers devront se trouver, que le Colonel fera connoître au Lieutenant-colonel ses intentions sur toutes les demandes qui lui auront été faites par le rapport, & celui-ci les fera parvenir, de grade en grade, aux demandeurs.

9.

Réponse aux demandes, lorsqu'il n'y aura pas de parade.

LORSQU'IL n'y aura pas de parade, le Lieutenant-colonel & ses autres Officiers supérieurs se rendront chez le Colonel, & ce premier y recevra les ordres sur tous les objets exposés au rapport, pour les faire passer ensuite, de grade en grade, à celui ou à ceux que ces ordres concerneront.

10.

Tout autre rapport supprimé.

AU moyen de ce que les Officiers supérieurs & le Commandant du régiment auront été instruits, d'une manière précise & sûre, de ce qu'il y aura eu de nouveau dans le régiment, il n'y aura plus, à la parade, d'autre

K k

rapport verbal que celui du Commandant du régiment au Commandant de la place, & la présentation de la feuille du rapport journalier, faite par le Commandant du régiment au Maréchal-de-camp divisionnaire, lorsqu'il sera présent.

11.

Demandes des Officiers.

TOUTES les demandes des Lieutenans ou Sous-lieutenans des compagnies, de quelque genre qu'elles soient, passeront, conformément à ce qui est prescrit au *Titre I.er* du présent Règlement, de ceux-ci au Capitaine, du Capitaine au Chef d'escadron, &c.

Il en sera de même de celles du Capitaine, & successivement du Chef d'escadron, &c. soit qu'elles se fassent verbalement, soit par écrit.

12.

Demandes de grâces.

A l'égard des demandes extraordinaires, telles que mémoires pour grâces quelconques dépendantes de Sa Majesté, elles se feront en forme de mémoire, & conformément aux Modèles annexés au présent Règlement, sous le *n.° 10;* Modèles qui sont aussi annexés à l'Instruction permanente concernant les Revues d'inspection, ces grâces ayant presque toutes rapport à l'époque & au travail de ces Revues.

13.

Mémoires pour congés & reliefs.

QUANT aux mémoires pour congés & reliefs, ils seront conformes aux Modèles qui seront joints à l'Ordonnance des Semestres & Congés.

14.

Registre de détail des compagnies.

L'ORDONNANCE d'administration intérieure des régimens ayant fixé le Modèle du registre de compagnie, à l'usage des Capitaines, il reste à fixer ici, les livrets particuliers que devront tenir les Officiers & bas Officiers des compagnies, soit par extrait, soit en

conformité de celui du Capitaine, pour être chacun d'eux
en état de répondre des détails relatifs à ses fonctions, &
de ceux que le Capitaine jugera à propos de lui confier.

15.

LE Maréchal-des-logis en chef, tiendra un livret portatif, dans lequel seront inscrits :

*Livret
du Maréchal-
des-logis en chef.*

1.° Le demi-signalement de chaque homme, c'est-à-
dire, ses noms & surnoms, son âge, lieux de naissance,
juridiction & province, & depuis quand il est au régiment.

2.° Le rang de taille avec l'âge.

3.° La formation des ordinaires & escouades avec les
Officiers & bas Officiers qui y sont attachés.

4.° Le logement de la compagnie, y compris les
Officiers.

5.° La situation de l'habillement, équipement & armement.

6.° L'état de l'harnachement.

7.° Les recettes des distributions du prêt, pain, fourrages, &c.

8.° Les entrées & sorties d'hôpitaux.

9.° Les époques des départs & retours de congé.

10.° L'état des travailleurs & des hommes qui sont
leur service.

11.° L'état nominatif des chevaux avec le nom des
Cavaliers qui les montent, leur âge & leur signalement.

16.

CHAQUE Maréchal-des-logis aura de même un livret
portatif dans lequel seront inscrits :

*Du Maréchal-
des-logis.*

1.° Les noms des hommes qui composent sa subdivision, avec leur taille, âge, lieux de naissance, & leur
arrivée au régiment.

2.° Les noms des chevaux qu'ils montent, avec leur âge & signalement.

3.° Les effets de petite monture de chaque homme.

4.° L'état de l'habillement, équipement & armement.

5.° L'état de l'harnachement.

17.

Des Lieutenans & Sous-lieutenans.

LES Lieutenans & Sous-lieutenans auront pareillement un livret composé des mêmes objets que celui du Maréchal-des-logis, & comprenant les deux subdivisions de la compagnie, afin que si les circonstances les obligeoient dans le courant de l'année, de passer d'une subdivision à l'autre, ils connoissent d'avance les objets qui concernent la subdivision où ils passeront.

18.

Uniformité des livrets.

CES livrets seront tous uniformes dans les régimens, & seront imprimés ou tracés à la main, proprement de manière que les indications & les cases soient nettes : mais ils seront ensuite remplis de la main des Officiers, & autant qu'il se pourra de celle des bas Officiers.

Les Capitaines ou Commandans de compagnie les vérifieront tous les mois, & les signeront ; ils seront ensuite visés par le Chef d'escadron.

Le Commandant du régiment se les fera représenter tous les deux mois, à l'époque de chaque revue.

19.

Livrets des Officiers de remplacement.

LES Officiers de remplacement qui suppléeront des Officiers en pied dans leurs fonctions, continueront de tenir leurs livrets, en sorte qu'il n'y ait jamais, autant qu'il se pourra, d'interruption dans leur tenue, & au cas que les Officiers en pied ne soient pas suppléés, ils remettront leurs livrets au courant, quand ils reprendront leurs fonctions, & le Capitaine en sera responsable.

20. IL

20.

IL sera établi dans chaque régiment un livre d'ordre ; ce livre qui contiendra tous les ordres, tant journaliers qu'extraordinaires, que donnera le Commandant du régiment, sera portatif & tenu à quart de marge ; il sera renouvelé tous les ans à la revue finale d'inspection. Ce livre sera numéroté au haut de chaque page, & paraphé au bas par l'Inspecteur divisionnaire.

21.

ON insérera dans ce livre, non-seulement les ordres journaliers donnés par le Commandant du régiment présent aux étendards, mais même les ordres envoyés par le Colonel quand il sera absent ; ces derniers y seront copiés littéralement avec la date du jour qu'ils seront parvenus, & ces mots ajoutés, *pour copie collationnée,* signés de l'Officier commandant le régiment, auquel ils auront été adressés.

Ordres journaliers du Colonel, enregistrés.

22.

ON insérera de plus dans ce livre, tous les ordres donnés, soit par le Maréchal-de-camp, commandant la brigade, soit par l'Inspecteur-divisionnaire, soit par le Lieutenant général, chef de division, en les leur faisant signer, s'ils sont présens, ou les inscrivant avec ces mots, *pour copie collationnée*, dans la forme prescrite ci-dessus.

Idem, pour les Officiers généraux divisionnaires.

23.

TOUS les matins, entre neuf & dix heures, l'Adjudant se rendra chez le Commandant du corps, pour y prendre l'ordre que celui-ci aura écrit ou fait écrire sur le livre ; il le portera chez les autres Officiers supérieurs, pour leur en donner connoissance.

Ordre porté par l'Adjudant.

24.

LE Capitaine de chaque compagnie fera tenir, par son Maréchal-des-logis en chef, un livre d'ordre dans la

Livre d'ordre du Capitaine.

même forme que celui mentionné ci-dessus, mais d'un plus petit volume.

Ce livre sera aussi renouvelé tous les ans, à la revue finale; les feuilles seront cotées & paraphées d'avance par le Capitaine & le Chef d'escadron.

Le Maréchal-des-logis en chef se rendra tous les jours, chez l'Adjudant, avec ce livre, à l'heure qui aura été fixée, pour copier l'ordre du Commandant, qui ne sera jamais communiqué à aucun étranger; le Maréchal-des-logis en chef en sera responsable, en étant seul le dépositaire.

25.

LORSQU'UN Officier se sera absenté, il se fera représenter tous les ordres qui auront été donnés en son absence, & ne pourra jamais, au moyen de cela, prétendre les ignorer.

Il sera aussi donné connoissance aux bas Officiers & Cavaliers qui auront été absens, des ordres donnés pendant leur absence, qui pourroient les intéresser.

26.

LE Maréchal-de-camp, commandant la brigade, se fera représenter, à son arrivée, ainsi que l'Inspecteur-divisionnaire, lors de sa revue, le livre d'ordre journalier; ils examineront s'il est tenu au courant, & si les ordres qui auront été donnés dans le courant de l'année, se trouvent conformes aux Loix établies par les Ordonnances: dans ce cas, ils le viseront.

S'ils s'apercevoient qu'on s'en fût écarté, en quoi que ce puisse être, ils donnerontt, suivant l'exigence du cas, des ordres, ou prendront ceux du Commandant de la division, pour que, l'ordre, l'uniformité & l'exactitude, soient promptement rétablis.

27.

LE même livre d'ordre sera mis sous les yeux du Lieutenant général, lors de sa revue finale, afin qu'il en fasse le même examen, & qu'après avoir approuvé ou redressé ce qu'il contient, il le vise, & se fasse présenter le nouveau, à la tête duquel il fera inscrire tous les ordres qu'il donnera ou laissera au régiment.

28.

L'ANCIEN livre d'ordre, ainsi que les livrets d'ordre des compagnies, resteront en dépôt à l'État-major, jusqu'à l'année suivante, pour servir de pièces de renseignemens; & les Officiers généraux divisionnaires pourront, quand ils voudront, se les faire communiquer, pour prendre connoissance de ce qui se sera passé dans le régiment.

MANDE & ordonne Sa Majesté aux Gouverneurs & Commandans de ses provinces, Commandans des divisions de ses Troupes, Inspecteurs & autres Officiers généraux-divisionnaires, aux Gouverneurs & Commandans de ses villes & places, aux Colonels de ses régimens de Troupes à cheval, & à tous autres ses Officiers qu'il appartiendra, d'exécuter ou faire exécuter, chacun en ce qui les concerne, la présente Ordonnance; Sa Majesté dérogeant expressément à toute Ordonnance précédemment rendue, qui seroit contraire aux dispositions de la présente.

FAIT à Versailles le premier Juillet mil sept cent quatre-vingt-huit.

Signé LOUIS. Et plus bas, LE C.ᵗᵉ DE BRIENNE.

PERMISSION DE MARIAGE.

RÉGIMENT d

Nous, *Capitaine*   *au Régiment*

d   *certifions que le nommé*

(noms de baptême, de famille, & grade),

natif de (lieux de naiſſance, juridiction & province).

*n'a point contracté d'engagement de mariage, venu à notre connoiſ-
ſance. Nous lui permettons par le préſent, de ſe marier dans cette
Place* (ou à tel endroit), *avec la nommée* (ſes noms & ſurnoms),
conformément aux loix du Royaume.

FAIT à   *le* (la date en toutes lettres).

Signature du Capitaine.

*Viſa du Chef
d'Eſcadron.*

*Approuvé par nous, Colonel
dudit Régiment.*

RÉGIMENT d

*ÉTAT des Élèves de l'École de Lecture, d'Écriture
& d'Arithmétique.*

HEURES des LEÇONS.	NOMS des Escadrons.	NOMS des COMPAGNIES.	NOMS des ÉLÈVES.	GRADES.	DATES DE L'ENTRÉE AUX LEÇONS.		
					DE LECTURE.	D'ÉCRITURE.	D'ARITHMÉTIQUE.
Depuis telle heure, jusqu'à telle heure.							
Depuis telle heure, jusqu'à telle heure.							
Depuis telle heure, jusqu'à telle heure.							

MODÈLE N.° 3,
*prescrit par l'article 3
du Titre XI.*

PERMISSION DE TRAVAILLER
EN VILLE OU À LA CAMPAGNE.

RÉGIMENT d

ESCADRON d
COMPAGNIE d

IL *est permis au nommé* (noms de baptême, de famille, & grade), *de la taille de*   , *âgé de*   ans, *de travailler de son métier de*   chez

jusqu'à nouvel ordre ; avec défense de passer l'heure de la retraite, & de découcher.

La présente sera nulle pour les jours de Dimanches & Fêtes.

FAIT à   le   (la date en toutes lettres).

Signature du Commandant de la Compagnie.

Approuvé par nous,
Commandant du Régiment.

Vû par nous,
Chef d'Escadron.

N. B. Lorsque la permission sera pour travailler à la Campagne, on y ajoutera, après le nom du Particulier chez qui il travaille, le nom du village, bourg, château ou ferme, & à quelle distance de la Place, & on y apposera le cachet du Régiment.

PERMISSION DE SORTIR DU QUARTIER

AVANT L'APPEL DU MATIN.

RÉGIMENT d

ESCADRON d
COMPAGNIE d

LE Commandant de la garde de police du quartier laissera passer
avant l'appel du matin, le nommé (noms de
baptême, de famille, & grade) âgé de   ans, taille de
, allant travailler, pourvu qu'il soit dans la
tenue prescrite aux Travailleurs.

Signature de l'Officier de la subdivision.

*Approuvé par nous, Commandant
de ladite Compagnie.*

MODÈLE N.º 5,
*preſcrit par l'art. 15,
da Titre XI.*

PERMISSION DE NE RENTRER

AU QUARTIER, QU'APRÈS LA RETRAITE.

RÉGIMENT d

ESCADRON d

COMPAGNIE d

IL eſt permis au nommé, (noms de baptême, de famille, & grade)
de la taille de *âgé de* *ans, de*
travailler de ſon métier de *chez*
rue d *juſqu'à* *heures du ſoir, tous les jours*
ouvrables : il ne pourra dépaſſer cette heure ni découcher : la préſente
étant nulle les jours de Dimanches & Fêtes.

FAIT à *le* (la date en toutes lettres).

Signature du Commandant de la Compagnie.

Vu par nous, Chef d'Eſcadron.

Vu par nous,   Approuvé par nous,
Commandant du Régiment.   Commandant de la Place.

PERMISSION DE TRAVAILLER
ET DE DÉCOUCHER.

RÉGIMENT d

ESCADRON d
COMPAGNIE d

Il est permis au nommé (noms de baptème, de famille, & grade)
de la taille de   *âge de*   *ans, de travailler
de son métier de*   *chez*   *rue*

& d'y coucher.

Il est prescrit audit   *de se trouver à sa Compagnie,
tous les Dimanches, à l'appel du matin, pour y être ensuite inspecté,
exercé, &c. aux heures ordonnées.*

FAIT à   *le*   (la date en toutes lettres).

Signature du Commandant de la Compagnie.

Vu par nous, Chef d'Escadron.

Vu par nous,   Approuvé par nous, Commandant
Commandant du Régiment.   de la Place.

Nota. Si la permission est pour travailler à la campagne, on y ajoutera, après le nom du
Particulier chez qui il travaille, le nom du Village, Bourg, Château ou Ferme, & à quelle
distance de la Place; & on y apposera le cachet du Régiment.

ANNÉE 1788.

RÉGIMENT d

ÉTAT des bas Officiers, Brigadiers, & Cavaliers, susceptibles d'avoir de l'avancement, fait le 1788,

SAVOIR;

BAS OFFICIERS.

GRADES.	NOMS des COMPAGNIES.	NOMS des SUJETS.	ÂGE.	TAILLE.	TALENS.			ANNÉE de L'ENTRÉE au SERVICE.	DEPUIS QUELLE ANNÉE NOTÉ.	OBSERVATIONS.
					INSTRUCTION À CHEVAL.	INSTRUCTEUR À PIED.	SAIT LIRE ET ÉCRIRE.			
Maréchaux-des-Logis en Chef.										
Maréchaux-des-Logis.										

Nota. La seconde page pour les Brigadiers, & les deux autres de la feuille pour les Cavaliers.

RÉGIMENT d

ESCADRON d
COMPAGNIE d

APPEL du   *1788, au matin ou au ſoir.*

Il ne manque perſonne,

ou

Il manque un tel depuis

ou

Tel événement arrivé depuis le dernier Appel.

Signature de l'Officier de ſemaine, ſi c'eſt l'Appel du ſoir,

ou le Maréchal-des-logis, ſi c'eſt l'Appel du matin.

Modèle N.º 8,
*preſcrit par l'article 19,
du Titre XIII.*

MODÈLE N.° 9,
*prescrit par l'article 6
du Titre XV.*

RÉGIMENT d

COMPAGNIE d

RAPPORT du   *au*   *1788.*

Il n'y a rien eu de nouveau

Cas prévus..

Un tel...	*est entré à l'hôpital d*	*pour telle maladie*
....	*est sorti de l'hôpital d*	
....	*est entré à la salle de discipline, ou en prison, pour (tel motif), par ordre de*	
....	*est sorti de la salle de discipline, ou de prison.*	
....	*a reçu coups de plat de sabre, pour (tel motif), par ordre de*	
....	*est parti en congé, ou en est revenu au terme ou après le terme,*	
....	*est congédié, ou mort, ou réformé, ou &c.*	

Nota.   Si le Commandant de la Compagnie a des demandes à faire au Commandant du Corps, pour les bas Officiers & Soldats de sa Compagnie, telles que pour congés, permissions de travailler, proposition de rengagemens, sorties de prison ou salles de discipline ; enfin pour toute autre espèce de ce genre, il en détaillera l'objet, & signera ensuite son rapport.

A   le

DIVISION DE

RÉGIMENT D

1.ᵉʳ MODÈLE DE MÉMOIRE.
POUR PENSION DE RETRAITE.

Noms.	*L*ᴇ *sieur* (son nom) (grade)
Âge.	*se trouvant hors d'état de continuer ses services*
Grade.	*(pour telles raisons)* *constatées par*
Nombre d'années de service.	*le certificat ci-joint, supplie Sa Majesté de vouloir bien*
	lui accorder sa retraite, avec la pension dont Elle le
Détail des services.	*jugera susceptible par son ancienneté & ses services.*
Détail des campagnes.	
Blessures de guerre.	

2.ᵉ MODÈLE DE MÉMOIRE.
POUR LA CROIX DE SAINT-LOUIS.

Mêmes détails que ci-dessus.	*L*ᴇ *sieur* (son nom) (grade)
	supplie Sa Majesté de vouloir bien lui accorder une
	place dans l'Ordre royal & militaire de Saint-Louis,
	en considération de *années de service,*
	dont *campagnes de guerre* (de terre ou de mer)
	constatées par le certificat ou le brevet ci-joint.

3.ᵉ MODÈLE DE MÉMOIRE.
POUR UNE GRATIFICATION.

Noms.	*J*ᴇ *supplie Sa Majesté de vouloir bien accorder une*
Âge.	*Gratification extraordinaire au sieur* (son nom)
Grade.	(son grade)
Nombre d'années de service.	(Expliquer ici le motif de cette demande,)

Mêmes détails qu'au premier mémoire d'autre part.	*Le Sieur* (son grade) *supplie Sa Majesté de vouloir bien lui accorder* (On spécifiera ici la demande & les motifs sur lesquels elle est fondée).

Notes relatives aux Mémoires précédens.

1.° Les certificats pour les Retraites seront signés par les Chirurgiens-majors des Régimens, & attestés par le Médecin de l'hôpital du lieu.

2.° Les certificats des services & campagnes seront signés des Officiers qui en ont connoissance, & visés par le Commandant du Corps, jusqu'à ce que les brevets puissent suffire.

3.° Tous les Mémoires, excepté ceux des demandes de Gratification, seront signés, 1.° de l'Officier demandeur; 2.° de son Capitaine-commandant & Chef d'Escadron, s'il ne l'est pas lui-même; 3.° de tous les Officiers supérieurs (les Capitaines & Officiers supérieurs pourront y mettre les apostilles qu'ils jugeront à propos); 4.° du Maréchal-de-camp commandant la Brigade, quand il sera présent; 5.°. du Maréchal - de - camp - inspecteur & du Lieutenant général, en tout temps. Ces Mémoires seront joints à l'état des Grâces.

4.° Les Mémoires des demandes de Gratification seront signés par les Colonels seulement; & indépendamment de cela, par les Officiers généraux.

5.° Tous les Mémoires seront sur une feuille de papier à la Tellière, pliée à mi-marge.

www.ingramcontent.com/pod-product-compliance
Ingram Content Group UK Ltd.
Pitfield, Milton Keynes, MK11 3LW, UK
UKHW020255180726
13839UKWH00001B/321